하나님의 퍼즐링

규장

일러두기
본문의 영어 성구는 NIV에서 인용했음

선효경 지음

하나님의 퍼즐링

내 인생의 조각들을
완벽하게 맞추시는 경이로운 섭리

GOD'S PUZZLING

규장

추천사

이 책은 치유하는교회에서 시작된 어린이 영어예배가 한국교회를 넘어 세계 선교지로 뻗어나가기까지 살아계신 하나님의 열심과 은혜의 역사가 기록된 성령 행전이다. 이 책을 통해 하나님이 가르쳐주신 신앙교육법을 배우길 소망하며 강력히 추천한다. 　　김의식 | 예장통합 부총회장, 치유하는교회 위임목사

이 책은 교육 전문가이자 신앙인, 또 어머니인 저자가 영어 신앙교육의 사명을 향해 걸어온 여정을 담은 간증이다. 간증 속 하나님은 적재적소에 가히 '퍼즐링'이라 칭할 만한 은혜를 보여주신다. 다음세대를 하나님의 자녀로 양육하려는 저자의 열망이 독자들에게 전해지길 바란다. 　　김병삼 | 만나교회 담임목사

한 개인의 삶을 통해 계획하신 하나님의 퍼즐링의 은혜를 세세하게 들여다볼 수 있는 책이다. 이해되지 않는 터널 같은 시간을 지나고 있는 많은 분에게 저자가 경험한 은혜의 퍼즐링이 소망과 위로가 되길 기대한다.

　　고정민 | 복음의전함 이사장

어린이 영어교육 전문가인 선효경 교수는 하잉RTA 프로그램을 통해 다음세대를 믿음으로 세워가는 일에 헌신된 사역자다. 하나님께서 선 교수의 사역을 얼마나 기뻐하시는지 책을 통해 생생하게 목도할 수 있다. 자녀를 말씀으로 바르게 양육하길 원하는 모든 이에게 이 책을 권한다. 　　조혜련 | 개그우먼, 집사

선효경 사모님이 하잉RTA 사역을 낳기까지 하나님과 사모님만 아는 소소한 추억이 얼마나 많았을지 생각해본다. 사모님이 이 시대 골리앗을 이길 수 있었던 비결은 주님과 동행하며 쌓아온 친밀함 덕분이라 믿는다. 준비된 자에게 허락하시는 하나님의 승리를 사모님의 책과 사역, 그리고 살아나는 다음세대를 통해 보길 소망한다. 　　자두 | 가수, 사모

프롤로그

내 인생을 향한 경이로운 퍼즐링

한 아이의 오병이어를 통해 예수님이 보여주신 기적은 성경에서만 일어난 사건이 아니었다. 작고 보잘것없는 내 삶을 주께 올려드렸더니 나를 통해 그분의 기적들이 끝도 없이 펼쳐졌다. 그 퍼즐링의 은혜, 놀라운 섭리를 이 책의 모든 독자들이 함께 누리고 경험하길 소망한다.

'하브루타 잉글리쉬 RTA'(이하 하잉RTA) 사역은 내게 맡기신 두 아이를 하나님의 말씀으로 바르게 양육하기 위해 가정예배와 말씀 암송을 열심히 한 것에서 출발했다. 우리 가정의 작은 말씀 심기 운동이 한 부서와 한 교회로 확대되었고, 이제는 한국교회를 넘어 세계 선교지로 확장되고 있다.

사실 우리 가정의 형편으로는 감당할 수 없는 사역이었다. 하면 할수록 경제적 부담과 현실적인 어려움에 직면했다. 그러나 문제 너머에 계시는 하나님을 의지할 때, 때를 따라 돕는 자들이 나타났고 다방면으로 재정을 채우셨다.

하나님이 하셨다고밖에 볼 수 없는 놀랍고도 신비로운 도움의 손길을 경험하며 주님이 이 사역을 얼마나 기뻐하시는지를 느꼈다. 여러 시행착오를 겪었지만, 전능자께서 동행해주시니 포기하거나 좌절하지 않고 사명의 길을 담대히 걸어갈 수 있었다.

그 여정 굽이굽이 눈물 나고, 억울하고, 애통한 시간도 많았다. 하지만 오로지 하나님의 말씀을 등불 삼아 그 빛이 비추시는 길을 순종하며 걷다 보니, 그 모든 광야 같은 시간과 사건 속에 예수님이 피워주신 아름다운 꽃과 하나님의 인도하심의 섭리가 깃들어 있음을 본다.

그분은 이미 내 인생의 커다란 밑그림을 그려놓으시고 수많은 삶의 조각을 헤아릴 수 없는 경륜으로 맞춰가고 계셨다. 내 인생을 향한 하나님의 계획, 그 경이로운 퍼즐링(puzzling)의 섭리를 경험할 때마다 감탄과 감사의 눈물이 흐른다. 가장 선하고 완전하게 이끄시는 그분의 손길을 무한히 신뢰하며 찬양한다.

누구나 처음 가보는 '부모'라는 길에서 좌충우돌하는 이들, 자녀를 바른 신앙교육으로 키우려 발버둥치는 부모들에게 하나님께서 펼쳐 보여주신 은혜의 삶, 그 핵심을 나누고자 이 책을 썼다.

특히 오늘날 악한 세대에 무방비로 노출되어 공격당하며 신음하는 어린 자녀를 둔 부모들과 나누고 싶은 고백을 담았다. 그리고 세상 공부에 밀려 신앙교육은 뒷전이 되어버린, 고민 많은 부모들에게 영어와 신앙의 두 마리 토끼를 함께 잡는 '엄마표 영어 신앙교육법'을 대방출한다.

또한 한국교회의 다음세대 위기를 극복할 방법을 강구하는 교회학교 사역자들에게 이 책이 작은 희망이 되길 바란다. 무엇보다 해외 선교지에서 어린아이들에게 복음을 심기 위해 불철주야 눈물로 기도하는 선교사님들에게 하잉RTA 사역이 작은 선교의 도구로 쓰임 받기를 바라며 이 책을 헌정한다.

하잉RTA 프로그램이 시작될 수 있도록 밑거름이 되어주신 치유하는교회와 이 사역이 지속되도록 동역해주시는 일신교회에 감사를 드린다. 더불어 꼼꼼한 교정과 가이드로 귀한 책이 세상에 나오도록 도와주신 규장의 여진구 대표님과 편집팀에게 깊은 감사를 드린다.

오직 하나님의 영광과 전능하심만 높이 드러나길 소망하며.

빛이 있으라!

추천사
프롤로그

PART 1 순종을 훈련시키신 하나님

1 사명의 발견 13
2 아메리칸드림이 이뤄질까? 25
3 다윗을 만나다! 33
4 20대 대학교수 56
5 성숙을 향한 훈련 66
6 하나님의 광야 학교 77
7 눈물로 씨를 뿌리는 시간 89

차례

PART 2 새로운 사역을 시작케 하신 하나님

- 8 가정에 찾아온 위기 101
- 9 사명의 땅으로 전진! 115
- 10 쉐마 신앙교육법: 하가다, 하브루타, 테필린 127
- 11 우리 집 하브루타 가족 만찬 142
- 12 우리 집 하가다 가정예배 158
- 13 하잉RTA 예배, 이것만 알면 된다! 174

PART 3 지지와 격려를 부어주신 하나님

- 14 합력하여 선을 이루시는 하나님 199
- 15 부흥 있으리라! 209
- 16 만나와 메추라기로 먹이고 입히신 하나님 225
- 17 여호와 이레, 하늘의 예비하심 234
- 18 열차번호 '하잉RTA 0191' 251

감사의 글

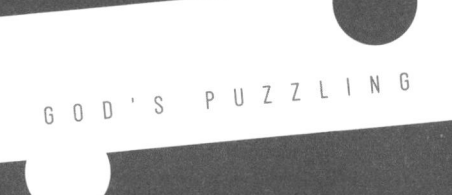

PART 1

순종을 훈련시키신 하나님

chapter 01

사명의 발견

개척교회 막내딸의 시련

나는 목회자가 수두룩한 4대째 기독교 가정의 막내딸로 태어났다. 지금은 소천하신, 목사님이었던 큰아버지와 은퇴 전도사님인 고모, 은퇴 목사님인 친정아버지, 현역 목사님인 두 이모부, 큰 형부, 사촌 오빠까지, 어려서부터 교회와 신앙은 떼려야 뗄 수 없는 내 삶의 일부였다.

내가 초등학교 3학년이던 해, 뒤늦게 신학을 하신 아버지는 상가 건물 지하에 교회를 개척하셨다. 삼각형 모양의 지하를 개조해서 뒤쪽 삼각형의 꼭짓점 부분을 막아 사택으로, 지하로 내려오는 계단 아래쪽 삼각형 꼭짓점은 작은 당회실로 만들었다. 다섯 식구가 키순으로 누워야 겨우 잠잘 수 있는 작은 사택에 가장 짧은 꼭짓점 끝자리가 내 잠자리였다.

재밌는 건, 이렇게 작은 단칸방에도 장기 투숙 손님이 자주 왔다는 거다. 중국에서 온 사촌 고모는 몇 달을 함께 숙식하며 머물렀고, 계단 아래 당회실은 방학이면 기숙사에서 나와 갈 곳 없는 신학생인 전도사들이 머무는 공간이 되었다. 또 단칸방은 알코올 중독인 아빠를 피해 도망 나온 네 아이의 은신처가 되기도 했는데, 우리 엄마는 세 딸의 도시락뿐 아니라 그들의 도시락까지 싸주셨다.

열악한 환경에도 지하 개척교회에서 온 가족이 함께 자고, 갈 곳 없는 사람들과 생활하며 늘 북적이던 그 시절이 내게는 즐겁고 행복한 기억으로 남아있다(이런 환경에서 자라서인지 난 뭐든 사람들과 함께하길 좋아한다).

아버지는 개척 첫해부터 우리보다 더 어려운 교회를 후원하셨다. 어릴 때는 아버지가 이해되지 않고 속상하기도 했다.

'우리도 먹을 게 없는데….'

하지만 자신보다 더 어려운 사람들을 돌아보며 베푸는 부모님의 사랑과 헌신의 목회를 통해 '섬김의 신앙'을 자연스럽게 배웠다.

어릴 때 나는 친구를 좋아하는 골목대장 스타일이었다. 늘 동네 친구들을 모아 시끌벅적하게 노는 걸 좋아했다. 고무줄놀이뿐 아니라 남자아이처럼 말뚝박기도 했다. 이런 나를 보며 교인들이 한마디씩 했다.

"목사 딸이 왜 저래?"

그런 말이 어린 마음에 하나둘 상처로 쌓였다.

'잘하면 목사 딸이니 당연하고, 뭐 하나만 못마땅해도 저렇

게 말하는구나.'

그러면서 목회란 목사와 사모만 하는 게 아니라 그 자녀도 함께하는 것임을 뼈저리게 느끼며 다짐했다.

'나중에 목회자가 되거나 목회자와는 절대 결혼하지 말아야지! 이 힘든 삶을 내 자녀에겐 물려주지 않을 거야.'

이건 부모님의 헌신적인 삶을 존경하는 것과는 다른 문제였다. 먹고 싶은 것도 못 먹고, 하고 싶은 것도 맘껏 못 하는 가난한 삶을 되풀이하거나 물려주고 싶지 않았다.

하지만 나와는 달리, 두 언니는 공부도 잘하고 얼굴도 예쁘고 소위 '목사님 딸답게' 조신했다. 그러다 보니 책 읽기와 공부를 즐겨하던 정적인 언니들과 달리 사람과 어울리며 놀기를 좋아하는 '철없는 막내딸'인 나는, 스스로를 못난 아이, 못난 딸이라고 여기며 자랐다. 언니들도 나를 '못난이'라고 장난치듯 놀렸다.

게다가 언니들 이름은 '희'라는 돌림자를 썼는데, 내 이름은 '효경'인 걸로도 놀려댔다.

"넌 돌림자가 없으니까 다리 밑에서 주워 왔어~."

둘이서 어찌나 낄낄대던지 그 모습이 아직도 선하다.

아버지가 개척하시기 전에는 집에서 가까운 교회에 다녔다. 하루는 주일 아침에 언니들과 셋이서 교회에 걸어가는데 언니들이 또 다리 밑에서 주워 왔다며 놀려대기 시작했다. 나는 소리를 질렀다.

"아니야, 아니라고!!"

"맞거든! 메롱 메롱~!"

언니들은 깔깔깔 웃으며 도망갔다. 나는 화가 머리끝까지 나서 악을 쓰며 온 힘을 다해 달렸지만, 언니들을 따라잡는 건 불가능했다. 언니들 얼굴에 대고 "난 주워 온 딸이 아니야!"라고 똑똑히 말해야 내 존재가 입증될 것만 같았다.

결국 달리다 지쳐 길바닥에 주저앉아 펑펑 울었다. 끝내 언니들을 잡지 못한 상황이 깊은 패배감을 안겨줬다.

'난 주워 온 딸이 맞구나….'

그날의 기억이 내게는 선명하고도 충격적인 사건으로 남아 있었다. 그런데 성인이 되어 이 이야기를 했더니 언니들은 기억조차 못 했다. 어린 시절 단순한 장난에 불과했던 일이 자존감 낮았던 내게는 상처가 된 거였다.

물론 지금은 두 언니와 마음속 깊은 이야기를 나누며 서로 중보하고 조언해주는 둘도 없는 절친이다. 하지만 유년 시절의 나는 가족보다 어려운 이웃을 살뜰히 챙기느라 사랑 표현을 충분히 못 하신 무뚝뚝한 부모님과 매일 놀려대는 잘난 언니들 밑에서 '난 주워 온 아이라서 사랑받지 못하는구나'라는 자괴감으로 똘똘 뭉쳐있었다.

그러면서 딱히 하고 싶은 일도, 인생의 목표도 없이 자존감 낮은 아이로 학창 시절을 보냈다.

어린이 영어교육 선교사로 써주세요

대학 2학년을 마친 후, 1년 휴학계를 내고 당시 미국에 유학 중인 큰언니네를 방문했다. 그리고 그해 여름, 미국 위스콘신대학교에서 열린 한국 기독 유학생 집회인 '코스타'(KOSTA)에 참석했다. 집회를 인도하신 강사님들이 하나같이 '선교'를 강조하셨다.

"우리는 모두 이 땅에서 하나님의 선교적 사명을 감당해야 합니다!"

선교는 하나님께서 우리 모두에게 주신 지상명령이지만, 그때까지만 해도 나는 삶을 다 내려놓고 오지로 가는 것만이 선교인 줄 알았다. 그런데 마지막 저녁 집회 때 이동원 목사님(현 지구촌교회 원로목사)이 "보내는 선교도 선교"라며 선교사로 헌신할 사람은 일어나라고 권하셨다. 나는 무언가에 이끌리듯 자리에서 벌떡 일어났다. 그리고 하늘을 향해 두 손을 들고 눈물 콧물을 흘리며 서원했다.

'하나님… 저를 선교사로 써주세요. 저는 잘하는 게 하나도 없어요. 그치만 이런 저도 쓰임 받을 수 있다면… 세계적으로

쓰임 받는 선교의 도구로 사용해주세요. 저를 어린이 영어교육 선교사로 사용해주세요.'

그런데 시간이 지나면서 '어린이 영어교육 선교사'로 써달라고 구체적으로 기도했던 건 잊고, 선교사로 헌신하겠다고 부르짖었던 기억만 진하게 남았다.

그러다 몇 해 전, 하잉RTA[1] 프로그램을 만들다가 힘들고 지쳐서 '하나님, 왜 이렇게 버거운 일을 저한테 시키시나요?'라며 투정 부리고 기도한 적이 있었다. 그때 하나님께서 미국 코스타에서 눈물로 기도했던 내 모습을 보여주셨다.

'네가 나에게 이렇게 기도하지 않았니?'

머릿속에 앳된 얼굴로 양손을 번쩍 들고 부르짖던 내 모습이 되살아났다. 온몸에 전율을 느꼈다. '하나님의 퍼즐링(puzzling, 낱말이나 숫자, 도형을 맞추는 게임을 뜻하는데, 여기서는 하나님께서 내 인생의 밑그림을 미리 그려놓으시고 그 위에 한 조각 한 조각 퍼즐을 맞추듯이 인도해가심을 의미함)'에 놀라지 않을 수 없었다.

코스타에 참석할 당시 나는 영어에 관심이 1도 없는, 그저

---

1 하브루타 잉글리쉬 RTA: 'Read the Bible, Talk about the Bible, Apply the Bible'의 첫 글자를 딴 어린이 영어 성경 프로그램으로 저자와 남편 박강민 목사가 개발했다. 유대인 교육법과 조기 영어교육법을 융합하여 자녀에게 하나님의 말씀을 영어로 재미있게 가르쳐서 믿음의 글로벌 리더 양성을 목표로 한다.

유아교육 전공의 학부생이었다. 하잉RTA를 시작하기 훨씬 전이었지만, 하나님께서는 그때부터 이미 나를 통해 영어를 도구로 어린이 선교 사명을 감당케 하려는 계획이 있으셨다. 아주 오래전부터 이 사역을 준비하고 지지하며 격려하셨던 것이다.

하나님으로부터 명확한 사명과 비전을 받은 사람은 삶이 바뀐다. 물론 코스타 이후에도 나를 둘러싼 세상은 그대로였지만, 나를 향한 하나님의 비전을 받고 삶의 방향이 맞춰지자 삶을 대하는 내 태도가 달라졌다.

나를 하나님나라의 도구로 사용하고 싶으시다는 하나님의 프러포즈를 받고 나니, 내 삶이 더 이상 패배자의 삶이 아닌 사명을 부여받은 멋진 인생으로 보였다. 복음을 전하는 선교사가 되기 위해 그 격에 맞는 사람으로 성장하고 싶었다.

당시 나는 이 뜨거운 은혜를 경험한 미국에서 호기롭게 다짐했다.

'그래, 내가 하나님의 도구로서 큰 역할을 감당하려면 미국에서 공부하며 더 넓은 그릇으로 준비돼야겠다.'

그런데 미국 유학을 시작하려면 영어 실력과 학점이 있어야 했다. 휴학계를 낸 김에 그대로 미국에 눌러앉아 대학에 다시 입학할 수도 있었지만, 그러기엔 언어가 전혀 준비되지 않은 상태였다. 또한 관광 비자로 방문했기에 불법으로 체류하며 비전을 이루거나 도피하듯 눌러앉는 건 하나님께 부끄러운 모습일 것 같았다. 그래서 나는 열심히 준비해서 다시 미국에 올 것을 다짐하며 한국으로 돌아왔다.

하나님께 쓰임 받기 위해

한국에서 남은 대학 생활 2년은 그동안 최선을 다하지 않았던 지난날을 만회할 기회로 삼았다. 삶의 조건이 바뀐 건 아무것도 없었지만, 내가 바뀌었다.

하나님을 인격적으로 만나고 비전이 생기자 열정이 넘쳤다. 또한 졸업과 함께 '미국 유학'의 꿈이 기다리고 있었기에 학과뿐 아니라 영어 공부에도 최선을 다했다. 그 결과, 학과 차석(次席)으로 졸업하는 영예를 얻었고, 영어 실력도 일취월장하여 미국 대학원에 지원할 수준이 되었다.

대학생 제자나 대학·청년부 지체들을 상담할 기회가 생기면, 난 비전을 찾은 후 완전히 달라진 내 대학 시절 이야기를 종종 들려준다. 사실 허황한 꿈과 목표만 세우고 아무 노력도 하지 않는 요즘 청소년들을 보면 안타까울 때가 많다.

하나님께서는 우리를 존귀한 존재로 만드셨다. 우릴 통해 큰일을 이루길 분명히 바라신다. 하지만 그분의 원대한 꿈과 내 모습 사이에 큰 괴리가 느껴진다면, 이를 좁히기 위해 무얼 해야 할까? 감나무 아래 편히 누워 감이 떨어지길 기대하며 입만 벌리고 있는 게 과연 하나님이 원하시는 모습일까?

하나님께서 쓰셨던 사람들은 전부 광야와 같은 훈련의 시간을 통과했다. 요셉은 17세에 형들에게 버림을 받고 애굽으로 팔려 가 30세에 애굽의 총리로 세워져 수많은 생명을 살리는 일에 쓰임 받기까지 13년간 피눈물 나는 연단의 시간을 견뎠다. 또 모세는 위대한 영적 지도자로 쓰임 받기까지 애굽의 궁궐에서 40년, 광야에서 40년, 총 80년간 훈련받아야 했다. 하나님나라를 세우는 데 쓰임 받은 성군 다윗은 17세에 사울 왕을 피해 도망 다니기 시작하여 30세에 이스라엘의 왕으로 기름부음을 받기까지 13년간 광야 생활을 했다.

사도 바울도 다메섹 도상에서 기적 같은 체험을 통해 예수님을 만난 후에 바나바의 도움으로 안디옥 교회에서 사역하기까지 13년간 아라비아와 다소에서 인내와 훈련의 시간을 거쳤다. 땀과 눈물과 고난의 시간을 통과한 그들은 모두 하나님의 사람으로 정금같이 빚어졌다.

우리의 삶도 마찬가지다. 하나님나라의 훌륭한 일꾼으로 쓰임 받기 위해선 'Here and Now'(여기 그리고 지금)의 정신으로 현재 주어진 일에 최선을 다하는 훈련의 시간이 꼭 필요하다고 생각한다.

넌 누구보다 최고였단다

어린 시절, 나는 얼굴도 못생기고, 키도 작고, 공부도 못 했다. 언니들에게 못난이로 놀림 받으며, 정말 잘하는 게 하나도 없는 철부지였다. 하지만 그때를 돌아보면, 하나님께서 나를 토닥이시듯 이런 마음을 주신다.

'효경아, 넌 누구보다 나를 전하는 일에 최고였어. 나를 찬양하고, 내게 기도하고, 나를 예배하는 자로서 넌 언제나 최고였단다.'

맞다! 나는 동네 친구들을 교회로 전도하는 데 1등인 '전도왕'이었다. 게다가 하나님을 찬양하는 게 너무 좋아서 찬양팀, 율동 팀, 반주자, 찬양 리더로 섬기며 그분을 찬양하는 자리에 늘 1등으로 나섰다. 이렇듯 기도와 예배의 앞자리를 사모하는 예배자였던 나를 하나님께서는 너무도 기뻐하시며 기억해주셨다.

> 이 백성은 내가 나를 위하여 지었나니
> 나를 찬송하게 하려 함이니라 사 43:21
> The people I formed for myself
> that they may proclaim my praise.

하나님은 그분을 예배하게 하려고 우리를 창조하셨다. 우리의 창조 목적은 그분을 찬양하는 거다. 나는 하나님께 예배하기를 즐거워하는 아이였다고 자신 있게 말할 수 있다.

창조주의 창조 목적대로 최선을 다해 기쁨으로 예배하는, 하나님을 정말 사랑하는 아이였다. 그 어린 소녀가 하나님 눈에 얼마나 사랑스러워 보였을지를 생각하니 깊은 감사가 몰려온다.

보잘것없게만 여겼던 내 유년 시절을 하나님께서는 가장 기쁘게 받고 계셨다. 나는 더 이상 하나님나라의 미운 오리 새끼가 아니었다. 창조주를 기쁘시게 하며 사랑받기 충분한 아름다운 피조물이었다. 지금까지도 그랬고 앞으로도 그럴 것이다. 그래서 내 앞에 펼쳐진 하루하루가 가슴 벅차게 감사하다.

chapter **02**

아메리칸드림이 이뤄질까?

잡힐 듯 잡히지 않는 꿈

좋은 성적으로 대학을 졸업하자 그동안 알지 못했던 공부의 재미와 자신감을 느꼈다. 미국 유학의 달콤한 꿈이 현실로 한발씩 다가오는 듯했다.

사실 나는 미국에 다녀온 후 줄곧 '아메리칸드림'(American Dream)에 빠져있었다. 22세 대학생의 눈에 미국 한인교회 청년부 언니, 오빠들의 모습은 그야말로 동경의 대상이었다.

광활한 대학 캠퍼스를 누비며 푸른 잔디에 앉아 샌드위치를 먹고, 부모님과 떨어져 자기 집에 살면서 자동차를 자유롭게 타고 다니고, 카페에서 우아하게 노트북을 펼쳐놓고 커피를 마시며 공부하고, 두꺼운 영어 원서를 한 손에 들고 외국인 친구와 이야기하며 걸어가는 모습 말이다.

영화에서만 보던 풍경을 실제로 누리는 유학생들의 삶을 보며 아메리칸드림이 내 마음에 뜨겁게 차올랐다. 대학 졸업 학점도 잘 받았고, 미국 대학원 지원에 필요한 토플(TOEFL) 등 영어 성적과 서류들을 설렘으로 준비했다. 꿈이 곧 현실로 이루어질 것 같았다. 유학 준비를 착착 진행하던 어느 날, 당시 아버지의 교회에서 부속 선교원을 운영하던 엄마가 선교원을 영어 선교원으로 바꾸셨다. 그러면서 유아교육 전공에 영어를 지도할 수 있는 교사 구인과 새로운 원아 모집을 놓고 고민하셨다. 그때만 해도 유아교육 기관에서 영어 지도가 거의 이뤄지지 않던 때라 이런 교사를 찾기가 쉽지 않았다.

힘들게 개척한 부모님의 목회는 하나님의 은혜로 부흥하여 개척 2년 만에 지하상가를 벗어나 지상 4,5층 건물로 교회를 이전했고, 3년 만에 성전을 건축했다. 나는 짧은 시간에 많은 일을 이루신 하나님의 도우심과 눈물의 씨를 뿌리며 물심양면으로 헌신하는 부모님의 수고를 곁에서 지켜보았다.

그래서 교회 부설 영어 선교원 운영을 두고 고민하시는 두 분을 도저히 외면할 수가 없었다. 당신들이 간절히 기도하며 구하는 교사로 막내딸이 제격이었지만, 두 분은 내 미국 유학의 꿈이 얼마나 절실한지 잘 아셨기에 직접적으로 도와달라고는 하지 않으셨다. 나는 걱정하시는 부모님을 보며 마음이 무거웠다. 그러면서 겉으로는 맘에도 없는 소리를 했다.

"엄마, 좋은 교사 곧 구해질 거야. 걱정하지 마세요!"

하지만 한참이 지나도 교사는 구해지지 않았다.

'지금이 내가 부모님을 도와드려야 할 때인 것 같은데….'

하나님의 말씀이 내 안에 계속 맴돌았다.

자녀들아 주 안에서 너희 부모에게 순종하라
이것이 옳으니라 엡 6:1
Children, obey your parents in the Lord,
for this is right.

하나님께서 부모에게 순종하는 게 옳다고 강력하게 권면하시는데 별수가 없었다. 나는 엄마에게 말씀드렸다.

"엄마, 제가 도와드릴게요. 영어 선교원이 자리 잡을 때까지 2년만 돕고 유학 갈게요."

잠시 유학의 꿈을 미루는 거였지만, 정말 어려운 결정이었다. 너무도 간절한 꿈이었기에 매일 밤 나는 눈물로 베개를 적시며 잠이 들었다.

20대 원감의 고군분투

그렇게 대학 졸업과 동시에 영어 선교원의 원감이 되었다. 선교원 이름을 '킹스키즈'(King's Kids, 왕의 자녀들)로 짖고, 한 아이, 한 영혼을 하나님의 자녀로 소중히 여기며 하나님나라 확장에 쓰임 받는 글로벌 리더로 키우기 위해 유아 영어교육 커리큘럼을 연구 개발하기 시작했다.

그러나 대학에서 유아교육을 전공하고 영어를 공부하긴 했어도 어린이 영어교육에 대한 전문 지식이 턱없이 부족했다. 그래서 국내 대학원의 조기 영어교육 석사 과정에 입학하여, 대학원에서 배운 이론을 영어 선교원 교육과정에 바로바로 적용했다. 하나님께서 일과 학업을 병행하며 주경야독(晝耕夜讀)하는 나를 기특하게 보셨는지, 선교원에 많은 원아를 보내주셨다.

하지만 20대 중반의 사회 초년생 원감이 자녀를 영어 유치원에 보낼 만큼 학구열이 높은 학부모들을 상대하기란 쉽지 않았다. 적지 않은 사교육비를 내며 자녀를 맡기는 그들에겐 우리 선교원의 교육과정에 대한 확신과 자신감, 이목을 사로잡는 홍보성 멘트가 뒷받침되어야 했다. 이를테면 다음과 같은 감언 말이다.

"저희 커리큘럼이 최고입니다. 어느 곳보다 아이들의 영어 실력이 향상될 겁니다. 믿고 보내주세요!"

물론 기도하고 공부하며 최선을 다해 교육과정을 만들었지만, 실제로 몇 년을 돌려보며 임상 결과를 낸 경험이 없었기에 이런 말을 한다는 게 거짓말처럼 느껴졌다. 무엇보다 크리스천 사업체이기에 고민이 더 컸다.

'우리보다 더 훌륭한 교육과정을 갖춘 기관이 많을 텐데, 어떻게 우리가 최고라고 말할 수 있지? 아이들의 영어 실력이 늘지 않으면 어떡하지?'

지금 생각해보면, 그때 세웠던 커리큘럼이 영어교육 방법론이나 이론에 있어서 부족함이 없고 좋은 성과도 냈기에 더 자신감을 가져도 괜찮았을 텐데, 당시에는 그러질 못했다.

크지 않은 영어 선교원이었지만, 비둘기 같은 순결함과 더불어 뱀과 같은 경영의 지혜가 필요했다. 하지만 평생 목회하며 조건 없이 베풀고 손해 보기를 즐겨한 목회자 부모님과 갓 대학을 졸업한 딸에겐 이런 것들이 부족했다. 그래서 경영과 운영에 있어 크고 작은 어려움을 겪었다.

그러나 모든 게 하나님이 허락하신 훈련의 시간이었다. 그 시기에 나는 다양한 사람을 만나 현장 경험을 쌓고, 시행착오를 겪으면서 더 단단하게 빚어졌다.

멀어진 유학의 꿈

당시 내 일정은 정말 바빴다. 주중엔 선교원 운영과 대학원 공부를 병행했고, 평일 저녁과 주말엔 유아 영어 교사를 위한 교사 자료를 집필했다.

특히 교사 자료를 만드는 일은 늘 새롭고 번뜩이는 아이디어가 필요했다. 유치원 아이들에게 영어를 재미있게 가르칠 창의적인 게임과 놀이 활동을 제안해야 하는 창작 활동이다 보니 아이디어를 끌어내기 위해 온종일 골몰했다.

거기다 주일엔 교회학교 교사, 청년부 회장, 찬양팀 인도자로 각종 목장 모임과 소그룹 훈련 등 교회 사역에도 수많은 역할을 감당했다. 많은 일을 하다 보니 스트레스가 극심해서 머리를 감을 때마다 머리카락이 손가락 사이로 수북이 빠지는 탈모가 생기기도 했다.

하루는 큰언니에게 넋두리를 늘어놓았다.

"언니, 나 진짜 너무 바쁘고 힘들어."

그러자 언니가 말했다.

"효경아, 네가 그렇게 기도했잖아. 하나님나라를 위해 세계적으로 쓰임 받게 해달라고. 세계적인 사람으로 준비되기 위해선 그만큼 더 큰 노력과 훈련이 필요한 거야."

언니의 말이 하나님의 격려로 들렸다.

'그러네, 하나님께서 내 작은 기도 소리를 들으시고, 나를 쓰시려고 여러 훈련을 통해 준비시키고 계시는구나.'

그러나 내가 가는 길을 그가 아시나니
그가 나를 단련하신 후에는
내가 순금같이 되어 나오리라 욥 23:10
But he knows the way that I take;
when he has tested me,
I will come forth as gold.

1년 반이 유수와 같이 지나갔다. 2년 안에 선교원의 운영과 교육과정을 만들고 미국 유학을 떠나려던 내 계획은 쌓여가는 일들 앞에 점점 희미해져 갔다.

석사 3학기의 어느 날, 수업을 들으러 학교에 갔다. 동기 둘이 뭔가를 분주하게 준비하고 있었다.

"무슨 일 있어?"

"오늘이 석박사 통합과정 신청 마감일이라 지원 서류를 정리하는 중이야."

"…!"

정신없이 사느라 이런 과정이 있는 줄도 몰랐다. 불쑥 지원해봐야겠다는 생각이 들어 필요한 서류와 지원서를 급히 작성해서 겨우 마감 시간을 맞춰 접수했다.

몇 주 후, 학교로부터 합격을 축하한다는 뜻밖의 연락을 받았다. 별 기대 없이 지원한 조기 영어교육 박사 과정에 나는 합격하고, 열심히 준비한 동기 친구는 떨어져서 어리둥절했다.

하지만 내 안에 '이건 하나님의 선물'이라는 확신이 들었다. 말씀에 순종해 부모님을 도와 지난 1년여 동안 최선을 다한 내게, 주님은 '박사 과정 합격'이라는 기쁨의 소식을 안겨주셨다. 그러면서 미국 유학의 꿈은 또다시 자연스레 미뤄졌다.

chapter 03

다윗을 만나다!

사모? 절대 싫어!

어릴 때부터 배우자 기도는 구체적으로 해야 한다는 얘기를 자주 들었다. 교회 언니들이 원하는 배우자상을 세심하게 그려가며 기도하는 걸 보고, 나도 중학교 때부터 번호를 매기며 기도했다.

"1번 얼굴이 잘생기고요, 2번 키는 ○○○센티미터 이상이고요, 3번 공부를 잘해서 ○○○대학 이상 나오고요, 4번 돈 많은 장로님 댁 막내아들을 만나게 해주세요, 5번⋯."

특히 4번은 빼먹지 않고 꼭 기도했다. 내 배우자는 나처럼 목회자 자녀로 경제적으로 여유롭지 못한 환경에서 자란 사람이 아니길 바랐다. 또 장로님 가정 정도는 돼야 믿음의 뿌리가 있을 것 같고, 풍족한 환경에서 사랑을 많이 받고 자란 막내아들이면 자존감도 높고 베푸는 데도 인색하지 않을 것 같았다. 이 외에도 일상적이고 정욕적인 기도 제목들이 10번대 앞쪽에 포진해 있었다.

하지만 기도해 가면서 왜 어릴 때부터 배우자 기도를 구체적으로 하라는 건지 서서히 깨달았다. 온통 인간적인 기준을 나열하며 시작했지만, 기도할수록 하나님께서 내 기도 제목들을 성경적 기준으로 가지치기하셨기 때문이다. 기도의 분량이 쌓일수록 내 욕심인지, 하나님의 뜻인지를 분별할 수 있었다.

　난 어려서부터 힘겨운 개척 목회를 경험하고 자라서 목회란 늘 고되고 희생만 하는 광야 길이라 생각했다. 그런데도 부모님은 우리 세 자매가 어릴 적부터 늘 말씀하셨다.
　"셋 중 하나는 꼭! 사모가 되었으면 좋겠구나."
　아버지가 밥상에서 말씀하시면 세 딸 모두 숟가락을 내려놓고 손사래를 치며 "절대 나라고 기도하지 마세요!" 하고 소리쳤다. 다들 이 말이 너무너무 싫었다.
　목회자 자녀로 산다는 건 목회자로 사는 것과 거의 반 이상 다름없으며, 그중에서도 교회 개척은 고난의 강도가 아주 센 편에 속한다고 생각했다. 게다가 이미 난 그 헌신의 삶을 어느 정도 경험했기에 충분하다고 여겼다.
　그러던 어느 날, 큰언니가 결혼할 남자를 데려왔는데 신학생이었다. 난 속으로 생각했다.
　'할렐루야! 언니가 십자가를 지는구나!'
　세 딸 중 '하나'가 사모가 되면 좋겠다고 하신 아버지의 소원이 이뤄졌으니 얼마나 감사하고 다행인가! 난 언니의 십자가를 축복하며 사모에 대한 부담에서 해방되었다.

솔직히, 그 정도로 사모가 되기 싫었다. 하지만 강하게 부정할수록 강하게 밀어붙이시는 하나님을 여러 번 경험했기에 안심할 순 없었다. 아니나 다를까, 분명히 큰언니가 사모의 십자가를 졌는데 주변에서 내게 두 번째 십자가를 지길 권하는 말이 자꾸 들려왔다. 나는 거절하고 또 거절했다.

'하고 싶은 것도 마음껏 못 하고, 무조건 참고 헌신하고 희생하는 목회자의 삶은 나와 영 맞지 않아!'

온 가족의 축복 속에 결혼한 큰언니와 신학생 형부는 미국으로 유학을 떠났다. 그리고 얼마 뒤 방학을 맞이해 한국을 방문한 형부가 내게 한 가지 부탁을 했다.

형부의 미국 대학원 동기 전도사님이 한국을 방문하는데, 한국어도 서툴고 서울은 처음이라 시간이 되면 그를 만나 교제도 하고 서울 구경도 시켜주면 어떻겠냐고 했다. 어렵지 않은 부탁이라 흔쾌히 수락했다.

당시 내 머릿속의 전형적인 신학생은 패션 감각이 한참 뒤떨어지고 케케묵은 서류 가방이나 들고 다니는, 세상 문화와 아주 거리가 먼 초라한 행색의 사람이었다.

그런데 약속 장소에 나온 전도사님은 아예 딴판이었다. 청바지에 선글라스를 쓴, 아주 자유롭고 건장한 청년이 서있는 게 아닌가. 신학생이라고 다 가난하고 초라한 건 아니라는 신선한 충격이 나를 휩쌌다.

'이런 자유롭고 멋진 목회자라면 사모가 돼도 괜찮겠는데….'

내심 이런 생각을 하며 나는 그에게 서울 이곳저곳을 구경시켜주었다. 우리는 서로에게 급속도로 호감을 느꼈고, 한국에서의 짧은 일정을 마치고 다시 미국으로 돌아간 그와 나는 서로를 배우자로 놓고 기도하며 장거리 연애를 시작했다.

이메일로 소식을 주고받으며 국제전화로 안부를 묻는, 그야말로 '롱디'(long distance) 커플이 된 거였다. 하지만 시간이 갈수록 언어의 장벽과 한국과 미국의 시차 문제 등 여러 크고 작은 어려움이 생겼다.

사실 난 그의 외적인 조건에 매력을 느꼈었다. 그는 내 배우자 기도 제목의 앞 순위에 있던 정욕적인(?) 항목들을 모두 충족했고, 무엇보다 내가 아메리칸드림을 꿈꾸며 미국 유학을 열망하고 있었기에 하나님의 뜻을 구하기보단 내 감정이 앞서서 내 배우자라고 믿고 싶었던 것 같다.

첫 단추가 잘못 끼워졌으니, 결과는 뻔했다. 그와의 관계는 점점 꼬여만 갔다. 그제야 나는 정신을 차리고, 그가 하나님이 주신 배우자가 맞는지 분별하기 위한 40일 작정 새벽기도를 시작했다.

두 번의 40일 작정 새벽기도

'하나님, 이 사람 맞죠? 제게 주신 배우자죠?'

매일 새벽을 깨우며 눈물로 간절히 매달렸다. 그러나 그건 이미 왕이신 하나님의 주권을 벗어나 인간적인 이유로 왕을 달라고 떼쓰던 이스라엘 백성들의 울부짖음과 같았다.

"왕을 주세요! 왕을 주세요!"

내 욕심에 부합하는 사람을 배우자로 정해놓고 하나님의 뜻과 계획은 묻지도 듣지도 않는 기도, '자! 제가 다 만들어왔으니 확인 도장만 찍어주세요!'라는 식의 기도, 내 생각과 욕심에 하나님의 생각을 끼워 맞추는 기도를 40일 동안 드렸다.

하나님은 침묵하셨다. 나 역시 기도할수록 마음이 편해지기는커녕 그와 갈등만 커져 스트레스가 쌓였다. 그렇게 아무 응답도 얻지 못하고 첫 40일 새벽기도는 허무하게 끝이 났다.

마음이 무겁고 답답했다. 하나님의 묵묵부답이 실망스러웠다. 하지만 이내 성령의 조명하심으로, 내가 하나님의 뜻을 받아들일 공간을 내드리지 않고, 내 생각과 욕심대로만 기도했음을 깨닫게 되었다. 그러면서 다니엘의 '그리 아니하실지라도' 감사하는 마음으로 다시 기도하라는 마음이 부어졌고, 그렇게 두 번째 40일 작정 새벽기도를 다시 시작했다. 똑같이 배우자를 놓고 기도했지만, 방향과 내용이 달랐다.

'그가 제 배우자가 아니어도 감사할 수 있게 해주세요.'

욕심만 가득한 채 어느 한 곳 하나님의 뜻이 거할 자리가 없던 내 안의 배우자를 위한 그릇을 깨끗이 비우기 시작했다.

'하나님, 제 욕심으로 배우자상의 그릇을 가득 채워놓았던 걸 회개합니다. 그 안에 담긴 세상의 기준을 모두 끄집어내 주세요. 제 배우자의 그릇이 깨끗한 유리그릇이 되길 원합니다. 그래서 하나님이 제게 딱 맞는 배우자를 만나게 하셨을 때, 깨끗하게 준비된 그릇에 그를 온전히 채우게 해주세요!'

내 욕심을 비우고 주님이 주시는 사람을 온전히 받아들일 수 있도록 기도했다. 확실히 첫 새벽기도 때와는 달랐다. 마음이 가볍고 상쾌했으며, 하나님이 잔잔한 미소로 날 바라보시는 듯한 평안함을 느꼈다.

두 번째 40일 새벽기도가 끝나는 날, 미국에서 한 통의 이메일이 도착했다. 사실 두 번째 기도 기간에 서로 연락이 뜸했던 터라 오랜만에 받은 이메일이었다. 아주 짧고 간결한 영어 편지가 와있었다.

> I'm sorry. I met a woman on campus.
> I think I'm going to marry her. Sorry.
> 미안하다. 캠퍼스에서 여자를 만났는데
> 이 친구와 결혼할 것 같다. 미안하다.

이 내용이 전부였다. 나는 읽고 또 읽었다.

'이 단순한 단어들 안에 내가 모르는 다른 뜻이 있나?'

충격으로 한동안 멍했다. 뒤통수를 얻어맞은 기분이었다. 그를 이해할 수가 없었다. 하필 작정 기도가 끝난 날에 이런 연락을 받다니, 우연이 아닌 걸 알면서도 기가 막혔다.

'그동안 내가 사람을 잘못 알고 있었나? 적어도 이렇게 무례하고 즉흥적인 사람은 아닌데…. 인사나 설명도 없이 이별과 결혼 소식을 동시에 통보하다니!'

큰 실망과 충격에 휩싸여 다리에 힘이 풀렸다. 방안에 혼자 주저앉아 있는데 불현듯 초인종이 울렸다. 나가 보니, 늘 우리 가정을 위해 기도해주시던 권사님이었다. 엄마를 만나러 집에 자주 놀러 오셨는데, 그날은 집에 나만 있었다.

권사님은 나를 보더니 대뜸 말씀하셨다.

"효경아! 사람은 외모를 보지만, 하나님은 중심을 보신단다!"

'이게 무슨 자다가 봉창 두드리는 소리지?'

권사님은 내가 요즘 무엇을 놓고 기도하는지, 누굴 만나는지 전혀 알지 못하셨다. 그런데 길을 가다가 갑자기 우리 집에 들러서 나를 만나고 싶은 생각이 들었다며, 이 말만 남기고 홀연히 가셨다.

여호와께서 사무엘에게 이르시되

그의 용모와 키를 보지 말라 내가 이미 그를 버렸노라

내가 보는 것은 사람과 같지 아니하니

사람은 외모를 보거니와 나 여호와는

중심을 보느니라 하시더라 삼상 16:7

But the LORD said to Samuel,

"Do not consider his appearance or his height,

for I have rejected him. The LORD does not

look at the things people look at.

People look at the outward appearance,

but the LORD looks at the heart."

'하나님, 이게 무슨 상황인가요?'

머릿속이 복잡했다. 하나님의 뜻을 알고 싶었다. 아니, 알아야 했다. 그래야 이 상황을 받아들이고 담담히 정리할 수 있을 것 같았다. 갈기갈기 찢긴 마음을 부여잡고 필사적으로 성경을 펼쳤다. 당시 읽던 부분에 꽂힌 책갈피를 펼쳐 성경을 읽어나갔다. 마침 사무엘상 말씀이었다.

사무엘 선지자 시대에 이스라엘 백성들은 하나님께서 친히 왕이 되어주셨음에도 인간 왕을 달라고 울부짖었다. 그러자 하나님께선 하는 수 없이 사울을 이스라엘의 왕으로 세워주셨다. 사울은 키가 일반인보다 머리 하나가 더 크고 아주 건장하며 준수한 외모의 소유자였다. 딱 '왕 타입'이었다! 이스라엘 백성들은 왕이 생겨서 기뻐하고 즐거워했다. 이후 사울이 어떻게 추락할지 전혀 예상하지 못한 채로 말이다.

말씀을 읽는데 순간 활자 위로, 왕을 달라고 사무엘 선지자에게 끈질기게 졸라댔던 이스라엘 백성의 모습과 인간적인 욕심으로 배우자를 달라고 징징거렸던 내 모습이 겹쳐 보였다.

한 편의 드라마를 보듯 성경에 빨려 들어가 말씀을 계속 읽어 내려갔다. 하나님께서 사울을 왕으로 세운 걸 한탄하며 왕의 기름부으심을 후회하시는 장면이 나왔다. 마침내 왕의 촛대를 옮기겠다고 결심하시는 장면에 다다르자 가슴이 찢어지게 아팠다.

'아! 내 욕심으로 하나님께 조르고 있었구나. 사울 왕을 왕의 자리에서 버리신 것처럼 내가 기도하던 그 사람이 하나님께서 주신 배우자가 아니었구나. 하나님, 죄송해요….'

회개하며 계속 성경을 읽었다. 사울이 몰락한 자리에 다윗이 등장했다. 그는 남들보다 키도 작고 붉고 왜소했지만 '하나님의 마음에 합한 자'였다.

그의 빛이 붉고 눈이 빼어나고 얼굴이 아름답더라
여호와께서 이르시되 이가 그니 일어나 기름을 부으라

하시는지라 … 여호와께서 그와 함께 계시더이다 하더라

삼상 16:12,18

He was glowing with health and had

a fine appearance and handsome features.

Then the LORD said, "Rise and anoint him;

this is the one." … And the LORD is with him.

어둠으로 가득했던 내 마음에 희망의 빛이 쏟아져 들어왔다. 나도 모르게 성경책에 손을 얹고 기도했다.

'그래요, 하나님! 하나님 마음에 합한 다윗과 같은 사람을 제 배우자로 주세요.'

그러자 그런 사람을 배우자로 주실 거라는 확신과 믿음이 넘치게 부어졌다.

중학생 시절부터 번호를 매겨가며 배우자 기도 제목을 꼼꼼히 작성하고 열심히 기도했지만, 뭔가 결정적인 내용을 빼먹은 것 같아 늘 불안하고 찝찝했다. 그런데 이날 이후 내 기도 제목은 아주 단순하고도 충만해졌다. 딱 한 문장!

'하나님 마음에 합한 다윗과 같은 사람을 제 배우자로 주세요!'

아쉬움이나 모자람이 느껴지지 않는 완벽하고 만족스러운 기도 제목, 이게 곧 전부였다.

80일간의 새벽기도 대장정 끝에 하나님께서는 신실하게 응답해주셨다. 욕심으로 구하던 사람은 'No'라고 분명히 말씀하시고, 대신 다윗과 같은 배우자를 만나게 하실 거란 기대와 신뢰감을 부어주심으로써 말이다.

말씀을 통한 하나님의 응답은 흔들림이 없다. 그분의 말씀은 완벽하시기에, 그 응답은 확신과 평안함을 동반한다. 더 이상 배우자 영역이 염려되지 않았다. 그 후 나는 교회 절기를 좇아 사순절 새벽기도를 결단하며 세 번째 40일 작정 기도를 시작했다.

018 전도사님

이번에는 세 가지 기도 제목을 세웠다. 첫째는 회장으로 섬기던 청년부의 부흥을 위해, 둘째는 목장 목원들의 영적인 부흥과 방황하는 어린 목원의 회복을 위해, 그리고 마지막 셋째는 다윗과 같은 배우자를 만나게 해달라고 기도했다.

작정 기도를 시작한 지 몇 주쯤 지났을 때였다. 엄마가 자꾸 내 눈치를 보며 연락해온 사람이 없냐고 물으셨다. 알고 보니 교회의 한 권사님의 딸이 다니는 교회에 괜찮은 미혼 전도사님이 있다는 얘기를 듣고, 나 몰래 내 전화번호를 그에게 주신 거였다. 엄마는 내가 '사모'라는 얘기만 나오면 예민한 반응을 보이니까 차마 말은 못 하고 전전긍긍하고 계셨다.

나는 얘기를 듣자마자 버럭 화를 냈다.

"왜 쓸데없는 일을 하냐고요!"

진실로, 진실로, 난 목회자를 만날 생각이 추호도 없었다. 그런데 더 화가 나는 건, 내 번호를 넘긴 지 한참이 지났는데도 그 전도사에게서 연락이 없는 거였다.

'이건 무슨 경우지? 연락이 와도 만날까 말깐데, 전화를 안 해?'

어느새 나는 그의 연락을 기다리고 있었다. 그렇게 몇 주가 지난 어느 날, '디사이플스 목요 찬양집회'에 참석해 은혜를 듬뿍 받고 나오는 길에 전화 한 통이 걸려 왔다. 모르는 번호였다. 하지만 직감했다. 그 전도사님의 번호라는 걸.

'018-000-0000'

그때는 휴대전화 앞 번호가 011, 017, 019, 016, 018 등 통신사별로 달랐고, 앞 번호에 따라 통신사의 등급과 세련미가 은근히 평가되었다. 그런데 걸려 온 앞 번호는 018로 시작했다. 나는 018을 세련미가 떨어지는 저가 번호로 여겼기에 바로 받지 않고 잠시 망설였다(만일 집회에서 은혜받은 직후가 아니었다면 전화를 받지 않았을 만큼 나는 세상적인 가치관으로 똘똘 뭉쳐있었다).

조심스레 전화를 받자, 한 남자의 목소리가 들렸다.

"여보세요~."

헉! 내가 기대한 건 굵고 중후한, 배우 이선균 같은 남자다운 목소리였다. 그런데 전화기 너머로 아주 얇고 가느다란, 내가 너무도 싫어하는 목소리가 들렸다. 순간 비슷한 목소리의 비호감 스타일인 한 목사님이 떠올랐다. 하도 비슷해서 미혼 전도사님에 대한 호감도 확 떨어졌다.

018과 얇디얇은 목소리, 거기에 연락처를 받아놓고 몇 주 뒤에나 연락하는 남자에게 좋은 감정이 생길 리가 없었다. 그래도 딱 한 번만 만나보라고 신신당부하던 엄마의 간절한 얼굴이 떠올라, 그와 인사를 나누고 다음 주 월요일 오후 6시에 홍대 앞에서 보기로 약속하고 전화를 끊었다. 정말이지 만남에 대한 기대가 조금도 생기지 않았다.

마침내 월요일 아침이 되었다. 보통 하루 전에 약속 시간을 확인하는 문자나 연락을 주는 게 '소개팅남'의 기본 중의 기본인데, 이 전도사님은 그런 연락조차 없었다. 만나자는 건지 말자는 건지 명확하지도 않고, 기대감도 없던 차에 '어쩌자는 거야? 에라, 모르겠다!' 하고 집에 있었다.

그런데 오후 5시 30분에 전화벨이 울렸다. 앞 번호가 018이었다. 전화를 받자 수화기 너머로 얇은 모기 목소리가 들려왔다.

"저 홍대 앞에 도착했는데 어디 계신가요?"

난 당황스러웠지만 태연한 척 당당하게 말했다.

"연락이 없으셔서 오늘 안 보는 줄 알고 집에 있는데요."

"아, 그럼 제가 집 근처로 갈게요~."

그는 별로 놀란 기색도 없이 말했다. 예상 밖의 적극적인 태도에 마음이 좀 풀렸지만, '맘에 안 들면 빨리 들어와야지'라는 생각으로 별 기대 없이 주섬주섬 나갈 준비를 했다.

약속 장소에 도착했는데, 멀리서 한 남자가 걸어왔다. 전화로 상상했던 모습과 달리 선한 인상에 패션 감각도 준수한 편이었다. 우리는 약속 장소로 들어가 첫 만남을 가졌다.

"전도사님이 가장 존경하는 성경 인물은 누구인가요?"

나의 첫 질문이었다. 그는 망설임 없이 대답했다.

"전 다윗을 가장 좋아합니다."

'다윗? 배우자가 다윗과 같은 사람이길 기도했는데!'

그가 다윗을 본받고 싶은 점을 술술 이야기하는 모습이 너무 진실해 보여 즉흥적으로 꾸며낸 말은 아닌 것 같았다.

이후 이런저런 이야기를 나누는데, 대화가 물 흐르듯 막힘없이 이어졌다. 그러면서 각자 기도해오던 배우자 기도 제목을 나누었는데 서로가 딱 맞아떨어졌다. 신기했다. 첫 만남인데 오래된 인연처럼 친밀한 느낌과 그를 더 알고 싶은 마음이 들었다. 우리는 서로에게 호감을 느끼며 헤어졌다.

주님의 계획

그는 나를 집 앞까지 데려다주고 헤어진 후 문자를 보내며 적극적으로 호감을 표현했다. 날 아주 마음에 들어 하는 게 강하게 느껴졌다. 그런데 월요일 이후 화요일, 수요일, 목요일 저녁이 되기까지 연락이 오질 않았다. 화가 나면서 억울하고 괘씸한 마음이 들었다.

나도 사모가 되기 싫고, 처음 연락이 왔을 때부터 별로 끌리지 않아서 약속 장소에 나가고 싶지 않았다. 게다가 같은 시기에 치과 의사, 카이스트 대학원생, 캐나다 유학생 등 스펙과 조건이 아주 매력적인 남자들과의 소개팅이 줄줄이 기다리고 있었다.

누굴 먼저 만날지 고민할 때, 사실 018 전도사님은 3위 안에도 들지 않았었다. 그런데 아버지가 "전도사를 먼저 만나! 다른 사람들은 끽해야 장로야. 장로보단 목사지!"라고 하셔서 순종하여 그를 먼저 만난 거였다. 그런데 첫 만남 직후에는 실컷 호감을 보이더니 며칠이 지나도 연락이 없고, 기다리게 만드는 것도 짜증이 났다.

목요일 저녁, 청년부 목장 리더 모임을 마친 후에 모두가 떠난 교회 본당에 홀로 앉아 하나님께 답답한 마음을 토설하듯이 부르짖었다.

'하나님! 이건 뭔가요? 제가 언제 사모하겠다고 했나요? 얼마나 사모가 되길 싫어하는지 아시잖아요! 저도 세상에서 잘나가고 부유한 사람을 만나 편하게 살고 싶다고요! 그런데도 하나님께서 저를 사모로 부르신다면, 분명 그 길이 가장 선하고 행복하고 멋질 것을 믿기에 순종하는 마음으로 전도사를 만난 거예요. 그런데 왜 또 마음을 어렵게 만드시나요? 더 이상 기다리면서 마음 쓰기 싫어요. 이 사람이 하나님께서 예비하신 배우자라면 오늘 안으로 전화가 오게 해주세요! 만일 안 오면 제 인생에 사모는 없습니다. 예수님의 이름으로 기도합니다. 아멘!'

자리에서 일어나려는데 전화벨이 울렸다.

'018-000-0000'

헉… 온몸에 소름이 돋았다. 이렇게나 빠른 LTE급 응답이라니! 너무 놀라 얼떨결에 전화를 받았다.

"여보…세요?"

받자마자 전도사님이 대뜸 물었다.

"왜 전화를 안 해요?"

이건 또 무슨 뚱딴지같은 소리인가! 어이없는 웃음과 함께 내가 말했다.

"전도사님이 전화하셔야죠!"

나중에 들으니, 처음 나를 만나고 너무 푹 빠져서 하나님이 주신 마음인지 자기 마음이 앞선 건지를 하나님께 묻고 확

1부 순종을 훈련시키신 하나님

실한 응답을 받기 위해 바로 연락하지 못했다고 했다. 그런데 이날 저녁, 나를 놓고 기도하는 가운데 평안과 확신을 얻었고 '오늘은 정말 전화를 안 하면 안 될 것 같다'라는 마음이 들어 바로 전화했다고 말했다. 하나님의 일하심이었다. 나의 울부짖는 기도를 들으신 주님이 급히 전도사님의 기도에 응답하셔서 내게 전화하게끔 하신 거였다.

그렇게 우린 하나님의 예비하심과 초고속 응답을 경험하며 6개월 만에 결혼했다. 둘 다 '하나님이 주신 배우자'를 놓고 오랜 시간 기도해왔기에 그 사람을 만난 이상 연애 기간을 오래 가질 필요가 없었다. 게다가 서로 기도하던 배우자상과 대부분이 맞아떨어져서 하나님께서 우리의 결혼을 계획하셨음을 더더욱 확신했다.

네 모습 그대로 사용할 거야

하지만 여전히 내 안에 해결되지 않은 문제가 있었다. 바로 사모가 되는 것에 대한 두려움이었다. 전통적인 사모의 상(像)과 거리가 먼 내 모습과 개척교회 사모가 되는 게 계속 염려되었다. 그래서 하루는 전도사님에게 물었다.

"개척 목회를 향한 비전이나 계획이 있으신가요?"

"개척은 아무나 하는 게 아니죠. 혹 하나님이 개척의 사명을 주시면 순종은 해야겠지만, 제게 그런 자질과 사명은 안 주신 것 같습니다."

이 말에 조금은 안도했다. 하지만 여전히 '사모다움'에 대한 무거운 짐이 남아있었다. 당시 전통 교회가 바라는 사모의 모습은 '무채색'이었다. 자기 색깔을 드러내지 않고 있는 듯 없는 듯 묵묵히 보이지 않는 곳에서 희생하는 어머니상. 내 기질과는 정반대였다. 그래서 줄곧 피해 다닌 건데…. 결혼 날짜를 잡고 준비하며 하나님께 여쭈었다.

'하나님, 사모라고 하면 조신하고 조용하고 순종적이면서 늘 섬기는 모습이 떠오르는데, 전 거리가 멀잖아요. 이런 제가 사모가 되도 될까요?'

그때 마음에 하나님의 음성이 울렸다.

'효경아! 네 모습을 누가 지었느냐? 나란다. 내가 지은 네 모습 그대로 사모로 사용할 거야.'

참아온 눈물이 터졌다. 오랫동안 나를 짓누르던 사모라는 직분의 무게가 깃털처럼 가벼워졌다. 나를 지으신 주님이 나를 창조한 대로 사모로 쓰신다는데 두려울 게 없었다.

하나님께서는 내가 사모의 길을 억지로 희생하며 감당케 하지 않으시고, 내 모습 이대로 기쁘게 받으신다고 말씀하셨다. 너무도 귀한 사역자를 만나게 하시고, 그와 동역하는 길을 감사하며 걸어가도록 내 마음을 준비시켜주셨다.

결혼 준비는 일사천리로 진행되었다. 예식을 한 달 정도 앞둔 어느 날, 나는 또 한 번의 초자연적인 하나님의 퍼즐링을 경험했다.

미국에서 국제전화가 한 통 걸려 왔다. 왠지 익숙한 번호에 잠시 주저하다가 전화를 받았다. 이전에 교제했던 미국의 전도사님이었다. 그가 말하기를, 그동안 여러 번 시도했지만 내게 연락이 닿지 않아 답답했다고 했다.

'아니, 지금 와서 무슨 소리를 하는 거지?'

나는 화제를 돌렸다.

"캠퍼스에서 만난 여자분과 결혼 준비는 잘되고 있나요? 나도 다음 달에 결혼해요."

그는 금시초문이라는 듯이 캠퍼스의 여자는 누구고, 결혼은 무슨 소리냐며 반문했다. 내가 몇 달 전에 받은 이메일 이야기를 하자 어이없어하며 그런 메일을 보낸 적도, 캠퍼스에서 여자를 만난 적도 없다고 했다.

순간 온몸에 소름이 돋았다. 너무 놀라서 입이 떨어지지 않았다. 인간의 머리론 해석할 수 없는 상황이었다.

'그럼 그 이메일은 도대체 누가 보낸 거지…?'

혹자는 그 미국 전도사님을 좋아하던 다른 여성이 몰래 계정을 해킹해 내게 이메일을 보낸 거라고 추론했지만, 난 확신한다. 이는 엉뚱한 사람을 배우자로 놓고 새벽마다 부르짖던 내게 확실하게 응답하신 '발신자 하나님'이 보내신 이메일이라는 걸.

난 신비주의를 따르는 신앙인이 아니다. 그러나 이 사건을 통해 하나님께서 이처럼 긴급하고 명확한 방법으로 응답해주실 때도 있음을 경험했다.

오병이어의 가정

결혼 준비에서 가장 중요한 건, 믿음의 가정의 청사진을 그려보는 거였다. 우리는 우리 가정에 하나님께서 원하시는 뜻과 비전을 말씀해달라고 전심으로 기도했다. 그러자 하나님께서 나와 남편에게 동일한 말씀으로 응답해주셨다.

> 여기 한 아이가 있어 보리떡 다섯 개와
> 물고기 두 마리를 가지고 있나이다 …
> 그들이 배부른 후에 … 이에 거두니
> 보리떡 다섯 개로 먹고 남은 조각이
> 열두 바구니에 찼더라 요 6:9,12,13
>
> Here is a boy with five small
> barley loaves and two small fish …
> When they had all had enough to eat …

So they gathered them and filled
twelve baskets with the pieces of
the five barley loaves left over
by those who had eaten.

오병이어의 가정. 우리가 가진 건 작고 보잘것없는 보리떡 다섯 개와 물고기 두 마리뿐이지만, 이 모든 걸 아버지께 드릴 때 5천 명이 먹고도 넘치게 남는 기적을 일으키시겠다는 비전이었다.

남편은 작은 시골 교회에서 외롭고 소외된 분들을 위해 평생 무릎으로 목회하신 부모님 슬하에서 자랐다. 그의 부모님이 아무도 가지 않으려는 나환자촌에서 아픈 자들과 함께 살며 복음을 전하셨다는 이야기를 들었을 땐 가슴 한쪽이 시리고 뭉클했다.

우린 둘 다 목회자의 삶을 가까이서 보고 배우며 자랐다. 세상의 풍요와는 거리가 먼 유년 시절을 보냈고, 여전히 가진 것 없고 내세울 게 없지만, 부모님이 살아내신 신앙의 모범을 따라 오병이어처럼 하나님나라를 위해 기꺼이 드려지는 가정이 되자고 기도했다.

우리의 힘은 지극히 미미하지만, 오병이어가 주님의 손에 들리면 하나님나라의 역사가 일어난다. 하나님께서는 이 놀라운 배가의 역사를 비전으로 주시고, 이 믿음의 터 위에 우리 가정을 세우셨다. 바로 그분의 마음에 합한 다윗과 같은 사람과 말이다.

내게 배우자를 만나고 가정을 이루는 과정은 주님과의 인격적이고도 친밀한 교제의 시간이었다. 또한 영적 세계를 깊이 맛보며 믿음이 성장하는 소중한 기회였다.

실로 인생은 한 치 앞도 보이지 않는 안개 속을 걸어가는 듯한 굴곡진 여정이다. 그러나 돌아보면 하나님께서 창세 전부터 이 길의 밑그림을 세심하게 그려놓으시고 삶의 수많은 조각을 하나하나 가장 아름답고 완벽하게 맞춰가고 계심을 발견한다.

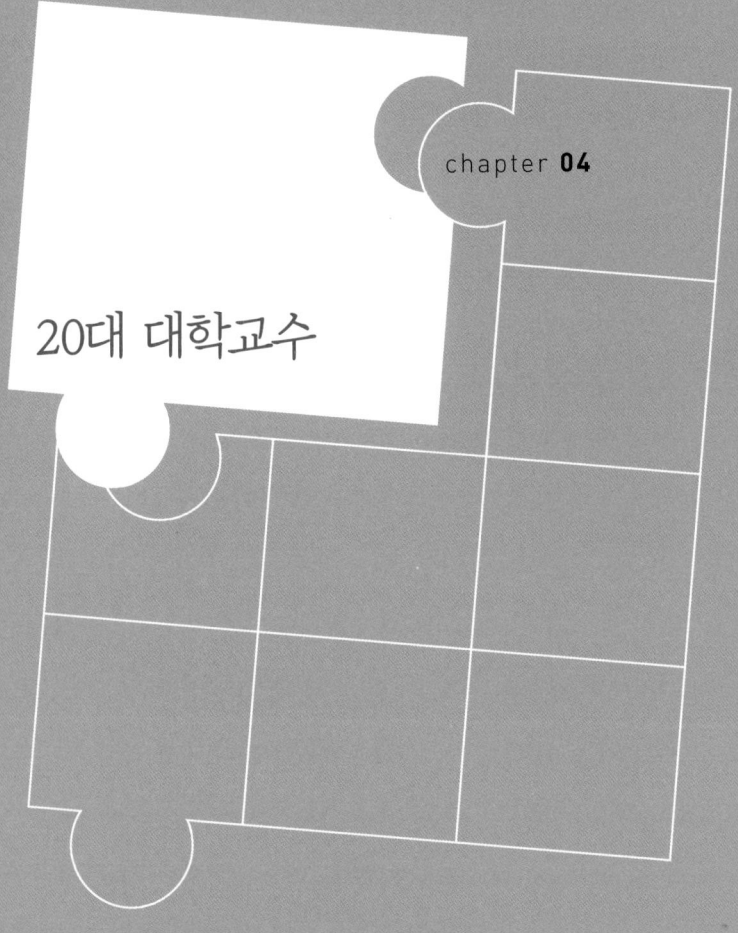

chapter 04

20대 대학교수

영향력 있는 복음 전도자

많은 사람이 청년의 때에 일하거나 공부하거나, 여유 시간에는 친구와 만나거나 여행을 하면서 보낸다. 하지만 나는 달랐다. 선교원 일, 대학원 공부, 외주 교재 집필, 거기에 감사하게도 대학교수인 선배님의 소개로 한 대학교에서 시간 강사로 강의까지 하며 눈코 뜰 새 없이 바쁘게 보냈다.

친구를 만나 여유롭게 밥을 먹거나 커피를 마시는 것조차 사치로 느낄 정도로 분초를 다투며 치열하게 살았다. 그런 와중에도 하나님과의 경건 시간은 어떻게든 사수하려고 애썼다.

영어 선교원에서 일하던 어느 햇살 좋은 날이었다. 선교원이 교회 건물 안에 있어서 계단을 오르락내리락하며 분주하게 일하다가 교회 사무실 앞을 스치듯 지날 때였다. 사무실에서 잔잔한 찬양이 흘러나왔다. 나는 바쁜 걸음을 잠시 멈추고 안쪽을 들여다보았다.

목사님, 전도사님들이 책상에 앉아 느긋하게 성경을 읽고 있었고, 찬양의 선율이 거룩한 분위기를 포근히 감싸고 있었다. 그 모습이 너무 근사하고 부러워 저렇게 축복받은 직업이 또 있을까 싶었다.

'목회자들은 하나님의 말씀을 묵상하는 게 업무구나! 나도 근무시간에 하나님의 말씀을 잠잠히 읽을 수 있다면 얼마나 좋을까. 나는 주어진 일들을 전투적으로 감당하면서 따로 시간을 내서 경건 시간을 사수해야 하는데, 사역자들은 그 자체가 일이고 근무의 연장이니 얼마나 하나님을 깊이 만날까.'

당시 나는 너무 바빠서 친구를 만나도 일과를 마친 후 늦은 저녁에 잠깐 보고 헤어지는 게 전부였다. 하루는 밤늦게 친구와 대화를 나누고 집으로 돌아가는 차 안에서 친구가 물었다.

"효경아, 너는 왜 교수가 되려고 했어?"

친구의 질문에 잠시 내 기도 제목을 생각해보았다.

'내가 교수를 꿈꿔본 적이 있었나?'

나는 여태 '교수'라는 직업을 꿈꾸며 기도해본 적이 없었다. 감히 나같이 부족한 사람이 교수라는 엄청난 직함을 갖는다는 건 교만한 비웃음거리이며, 하나님께도 염치없는 꿈이라고 생각했다. 하지만 이런 기도는 한 적이 있었다.

'하나님! 저를 영향력 있는 사람이 되게 해주세요. 제 말과 행동이 사람들에게 선한 영향을 끼쳐 믿지 않는 자들에게 하나님의 이름과 복음을 전할 때 하나님의 권위가 서고, 그들이

복음을 쉽게 받아들이게 해주세요. 그런 영향력 있는 복음 전도자로 세워주세요.'

하지만 '영향력 있는 복음 전도자'의 자리가 교수일 거라고는 한 번도 생각해보지 않았다. 그런데 놀랍게도 어느 순간부터 나는 대학 강단에서 학생들을 가르치는 교수로 서있었다.

애들아, 예수님 믿어야 해!

석사 2학기 차 26세의 어린 나이에 용인의 한 대학에서 강의를 시작했다. 부족한 대학원생이 대학생들을 가르치게 된 건 전적인 하나님의 은혜였다. 그래서 최선을 다해 강의를 준비했고 열심히 가르쳤다.

무엇보다 대학 강단에서 내가 해야 할 가장 중요한 일을 했다. 바로 복음 전파! 하나님께서 나를 그곳에 세우신 목적은 그분의 영광을 드러내고 그분을 전하는 도구로 쓰시기 위함임을 알았기 때문이다.

매주 강의를 마치면 칠판에 십자가를 그리며 네비게이토 선교회의 '브릿지(Bridge) 전도법'을 따라 담대히 복음을 전했다. 지금은 이렇게 대놓고 복음을 전하지 못하지만, 그때는 기독 학교도 아닌 일반 대학교에서 겁도 없이, 그것도 강의 시간에 복음을 전했다.

"얘들아, 예수님을 믿어야 해! 너희가 공부를 열심히 하고 좋은 직장에 가도 너희 안에 예수 그리스도가 계시지 않으면 아무 의미가 없어! 너희를 창조하시고 이 땅에 보내신 하나님의 목적과 비전을 찾는 게 청년의 때에 해야 할 가장 중요한 일이야!"

나는 목청 높여 열정적으로 복음을 전했다. 섬기던 교회의 청년부 전도 축제 기간이면 전도지와 초청장을 수업 유인물을 돌리듯 강의실에 돌렸다. 흑백의 칙칙한 강의 유인물과는 달리 시선을 잡아끄는 색색의 전도지에 학생들의 관심이 집중됐다. 신기하게도 강의 시간엔 꾸벅꾸벅 졸던 녀석들이 복음을 전할 땐 똘망똘망하게 경청했다.

요즘은 교수가 강의실에서 종교색을 강하게 드러내면 징계 위원회에 회부될 수도 있다. 그러나 17년 전 새내기 대학 강사는 두려울 게 없었다. 나를 보내신 하나님의 뜻이 분명했기에 학교에서 잘릴까 봐 불안해하거나 걱정하기는커녕 "죽으면 죽으리이다"(에 4:16)라는 각오로 복음 전파의 사명을 감당했다. 감사하게도 이때의 순종이 풍성하게 결실하여 당시 많은 제자들이 우리 교회 청년부에 와서 복음을 받아들였다.

물론 복음 전파에도 지혜가 필요하다. 그래서 지금은 이렇게 복음을 전하지는 않는다. 이 시대는 저돌적이고 담대하게 복음을 전하면 오히려 복음이 공격받고 예수님의 이름을 욕되

게 하는 결과를 낳을 수도 있기에 더더욱 뱀 같은 지혜와 전략이 필요하다. 하지만 시대 불문하고 가장 중요한 건, 나를 향한 하나님의 부르심의 목적을 깨닫고 그에 합당하게 행하는 것이다.

전도는 하나님의 명령이다. 해도 그만, 안 해도 그만이 아니라 이 땅에 살아가는 모든 그리스도인이 어명(御名)으로 받들어야 할 지상명령이다. 전도를 통해 몇 명을 회심시키고 하나님께로 돌이켰는지도 중요하지만, 더 중요한 건 우리가 이 명령에 늘 순종할 준비를 하는 것이다.

나는 순종함으로 기회가 될 때마다 복음을 전했다. 내게 복음을 들은 상대가 당장 구원받는 자녀가 되지 못할지라도 이를 밑거름으로 언젠가 하나님을 영접하는 순간이 올 거라고 확신한다.

아브라함이 100세에 얻은 목숨보다 소중한 아들 이삭을 바치라는 이해할 수 없는 하나님의 명령을 받았을 때 어떻게 반응했는가? 그는 변명하거나 핑계를 대거나 지체하지 않았다. 곧장 순종하여 아들을 번제로 바치기 위해 아침 일찍 일어나 모리아 산으로 향했다. 하나님은 이삭을 잡으려 칼을 든 아브라함의 처절한 순종을 보고 '이제야 네가 나를 경외하는 줄을 알았다'라고 하며 감격하셨다.

그렇다면 전에는 아브라함이 하나님을 경외하는 줄을 모르셨을까? 물론 아셨다. 그러나 아브라함의 경외심이 삶의 실제적인 순종을 통해 열매로 나타났을 때, 하나님께서 더욱 찬란하게 영광을 받으셨다.

그리스도인이라면 전도의 중요성은 누구나 알고 있다. 그러나 아는 데서 그치지 않고 하나님의 지상명령에 즉각 순종하여 복음을 담대히 전할 때, 하나님께서 우리의 순종을 통해 찬란히 영광 받으실 것이다.

삶으로 전도하라

내게 강의실은 최고의 전도 공간이었다. 적게는 40명, 많게는 100명이 넘는 대학생이 꽉 들어찬 강의실에서 전도지를 나눠주면 받지 않는 학생이 거의 없었다. 왜? 교수님이 강의 시간에 나눠주기 때문이었다. 브릿지 전도법으로 복음을 설명하는 10여 분 동안 나가거나 항의하는 학생도 없었다. 왜? 교수라는 권위와 영향력을 가진 존재가 이야기하기 때문이었다. 나는 하나님께서 주신 자리를 그분을 전하는 일에 적극 활용했다.

물론 그러기 위해 교수의 기본 역할인 가르치는 일에 최선을 다했다. 맡은 강의를 열심히 준비했고 부족함 없이 가르쳤다.

학생들은 나를 좋아했고 잘 따랐으며 내 강의는 인기 강좌였다. 그래서 더더욱 담대히 복음을 전할 수 있었다.

크리스천의 삶은 그 자체로 예수님을 드러내는 전도지이며, 세상과 교회를 연결하는 통로다. 따라서 우리는 가정, 학교, 일터, 이웃과의 관계 등에서 늘 바르고 정직하고 모범이 되어야 한다. 그러나 안타깝게도, 많은 크리스천이 자신이 맡은 일과 역할은 제대로 하지 않으면서 교회 일에만 빠져 살기에 세상으로부터 따가운 시선과 질타를 받는다.

주부가 집안일을 안 하고 가족들 식사도 안 챙기면서 교회에 가서 봉사만 하면, 가족들이 교회를 곱게 바라볼 수 있을까. 회사원이 업무를 제대로 하지 않고 시간만 때우며 앉아있다가 퇴근 시간에 교회 갈 준비를 신나게 한다면, 믿지 않는 다른 직원들이 기독교를 어떻게 생각할까. 이거야말로 전도를 방해하는 결정적 요소가 될 것이다.

마찬가지로 학생이 열심히 공부하지도 않고 하나님께 기도만 하면서 좋은 성적이 나오길 바라는 심보는 감나무 밑에 입 벌리고 누워서 감이 떨어지기만을 기다리는 어리석음과 같다. 이런 삶의 태도를 가진 사람은 복음 전파나 하나님의 영광을 드러내는 일에 사용될 수 없다.

하나님께서 우리를 이 땅에 보내시고, 저마다 다른 역할을 주신 건 각자의 자리에서 주어진 일과 역할을 통해 그분의 영광을 드러내는 통로로 살라는 뜻이다.

대학 강단에서 학생들을 전도했던 이야기를 하면, 꼭 이 질문을 받는다.

"다음 학기에 잘리셨죠?"

난 웃으며 답한다.

"신기하게도 다음 학기, 그다음 학기에도 전도한 것 때문에 강의평가를 안 좋게 받아본 적이 없어요. 처음 강단에 선 2005년부터 지금까지, 미국 유학과 산후조리 기간으로 3년을 제외한 15년간 단 한 학기도 강의를 멈춘 적이 없답니다. 이 또한 하나님의 은혜고 인도하심이지요."

심지어 지금도 제자들에게 연락이 온다.

"교수님의 강의를 통해 제가 좋은 영어 교사가 될 수 있었어요. 감사합니다."

"그때 교수님의 강의가 현장에 나와서도 너무 큰 도움이 됩니다."

"저도 교수님처럼 선한 영향력을 끼치는 사람이 되고 싶어요."

"교수님이 강의 중에 전해주신 복음 덕분에 제가 교회에서 열심히 봉사하는 집사가 되었어요."

이런 감동의 메시지를 받을 때마다 하나님께 감사하지 않을 수 없다. 하나님 아버지를 영향력 있게 전하고 싶어 기도하며 달려온 부족한 나를, 학생을 가르치는 교수이자 복음을 선포하는 전도자로 사용해주신 주님. 그분의 크고 놀라우신 섭리에 감탄할 뿐이다.

> 내가 달려갈 길과 주 예수께 받은 사명
> 곧 하나님의 은혜의 복음을 증언하는
> 일을 마치려 함에는 나의 생명조차
> 조금도 귀한 것으로 여기지 아니하노라 행 20:24
> However, I consider my life worth
> nothing to me; my only aim is
> to finish the race and complete
> the task the Lord Jesus has given me-
> the task of testifying to the
> good news of God's grace.

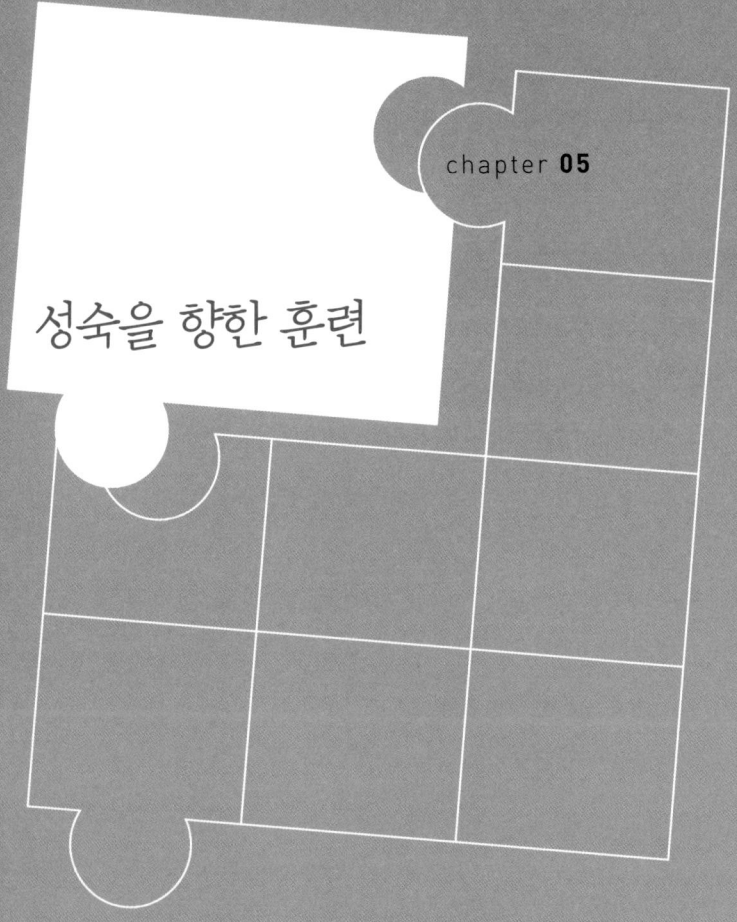

chapter **05**

성숙을 향한 훈련

회개와 감사의 눈물

석사 2년을 하는 동안 영어 선교원 운영이 자리를 잡을 거라고 기대했다. 하지만 생각보다 더 많은 시간이 필요했고, 미국 유학은 계속 미뤄졌다.

그러나 하나님께서 석박사 통합과정을 열어주셔서 기다림의 시간이 더욱 알차게 채워졌다(석박사 통합과정은 석사 마지막 4학기가 박사 1학기로 연계되어 한 학기를 단축하여 박사 과정을 빠르게 공부할 수 있다는 장점이 있다).

모든 게 '예비하심'이었다. 주님은 어린 나이에 경주마처럼 앞만 보고 달리던 내 앞에 그때그때 훈련 대장들을 세워 연단하고 성장시키는 도구로 사용하셨다.

매 학기 말에 교수님들과 진행하는 종강 모임은 우리 과의 중요한 행사 중 하나였다. 나는 당시 석사 4학기로 석사이자 박사여서 점심엔 석사, 저녁엔 박사 모임이 잡혀있었다. 그런데 공교롭게도 같은 날 점심에 아버지 환갑잔치를 하게 되었다. 두 언니는 미국 유학 중이라 참석할 수 있는 자녀가 나뿐이었다. 아버지의 친지분이 모두 오시는 자리에 자식이 없으면 안 될 것 같았다.

나는 오래 고민하다가 점심과 저녁 모임에 같은 학과 교수님들이 참석하시니 미리 학과장님에게 양해를 구하고 점심엔 환갑잔치에, 저녁엔 박사 모임에 참석하는 걸로 결정을 내렸다. 그리고 학과장님에게 이메일을 보냈다.

존경하는 교수님,
제가 석사, 박사 모임에 다 참석하는 게 도리인데, 죄송하게도 아버지 환갑잔치가 같은 날 점심에 있습니다. 언니들은 모두 한국에 없어 참석할 수 있는 자식이 저뿐이라 점심에 환갑잔치에 참석했다가 저녁 박사 모임에 참석하도록 하겠습니다. 감사합니다.

그런데 다음 날, 교수님으로부터 '칼 메일'(학생들 사이에서 학과장님으로부터 받는 무서운 이메일을 명명하는 말) 한 통이 날아왔다.

선효경 선생은 박사를 공부할 자격이 안 되었군요.
그렇게 개인 가정사를 모두 챙기면서 공부하면 박사가 될 수 없습니다. 나는 지금까지 내 환갑이 언제인지도 모르고 살았습니다. 선효경 선생은 박사 공부를 할 준비가 안 되어 있으니 박사 과정을 그만두도록 하세요.

사형 선고를 받은 것처럼 가슴이 철렁 내려앉았다. 납득할 수 없었다. 아예 안 가겠다는 것도 아니고 어쩔 수 없어서 양해를 구한 건데, 박사 과정 전체를 박탈당한다는 게 이해되지 않았다. 부득이한 상황을 이해해달라는 변명과 억울함이 담긴 이메일을 계속 보냈지만, 교수님은 답변이 없었다.

억울하고 답답해서 미칠 지경이었다. 상황을 이해 못 하는 교수님이 야속하고 원망스러웠다. 학업 태도가 불량하거나 학과 내용을 못 따라와서 거절당했다면 받아들였을 거다. 하지만 이는 교수님의 개인적이고 감정적인 결정과 통보라고 생각했다.

울고 싶은 심정으로 당시 피아노 반주자로 섬기던 수요예배에 참석했다. 그런데 그날 설교 본문 말씀이 내게 날아와서 꽂혔다. 방망이로 머리를 한 대 맞은 기분이었다.

누구든지 네 연소함을 업신여기지 못하게 하고
오직 말과 행실과 사랑과 믿음과 정절에 있어서
믿는 자에게 본이 되어 내가 이를 때까지

읽는 것과 권하는 것과 가르치는 것에 전념하라 딤전 4:12,13

Don't let anyone look down on you

because you are young, but set an example

for the believers in speech, in conduct,

in love, in faith and in purity.

Until I come, devote yourself to the public

reading of Scripture, to preaching and to teaching.

본문은 바울 사도가 전도 여행을 떠나며 어린 디모데에게 당부한 말씀이다. 당시 디모데는 여러 교회를 방문하며 리더로서 큰 역할을 감당해야 했다. 그런 그에게 연소함을 드러내지 말고 성숙한 모습을 보이라는 바울의 조언이 곧 나를 향한 하나님의 메시지로 들렸다.

줄곧 내 사정과 형편만을 이해해주길 바랐던 어린아이 같은 연소함이 내게서 보였다. 사건의 발단은 내 잘못이 무엇인지 도무지 모르는 '미성숙한 나의 연소함'에 있었다.

사실 어린 나이에 박사 과정을 밟으면서 내 말과 행동에는 은근한 교만함과 경솔함이 숨어있었다. 하나님께서 세우신 지도교수님에게 상황을 말하고 허락을 구하며 그 결정에 따르는 태도가 필요한데, 사전에 내가 판단하고 결정하고 통보했으니 이는 학생의 올바른 태도가 아니었다. 게다가 교수님의 답변에도 반성하거나 뉘우치기보다는 내 상황을 합리화하며 변명하기에 바빴다. 이런 모습을 하나님이 기뻐하실 리가 없었다.

나는 박사를 '공부 잘하고 자기 연구 분야에서 두각을 나타내는 지적 수준만 높은 사람'으로 착각했던 거다. 하지만 실력보다 중요한 건 성숙한 인품임을 이 사건을 통해 제대로 깨달았다.

회개의 눈물과 감사의 기도가 쏟아졌다. 교만하고 이기적이던 내 모습이 부끄럽고 죄송했다. 그리고 말씀으로 나를 부드럽게 깨우쳐주시는 주님께 감사했다.

집에 돌아와 바로 컴퓨터 앞에 앉아 마음을 가다듬고 교수님에게 진심 어린 반성의 글을 써 내려갔다.

교수님, 제가 너무 경솔하고 연소했습니다.
제 생각과 처지만 생각하고 박사로서 갖추어야 할 기본 덕목에서 본이 되지 못했습니다. 이런 모습으로 교수님과 동기들에게 불편을 드려 죄송합니다.
교수님의 말씀에 반성하지 못하고 변명의 말만 가득했던 걸 용서해주세요. 부디 제 연소함을 용서해주시고 선처해주시면 앞으로 겸손하게 배우는 학생이 되도록 최선을 다하겠습니다.
죄송합니다, 교수님.

떨리는 마음으로 이메일을 전송했다. 이전에 보냈던 이메일에도 '죄송하다, 용서해달라'라는 말을 여러 번 적었지만, 이번에는 진심으로 뉘우치는 심경을 담았다. 몇 시간 뒤, 교수님으로부터 답장이 왔다.

그래요, 선효경 선생이 이제는 잘못을 진심으로 뉘우치고 있는 것 같군요. 다음 수업 시간에 학교에서 봅시다.

'이거구나! 하나님께서는 육신의 상전에게 주께 하듯 순종하길 원하시는구나.'
며칠간 천국과 지옥을 오가며 얻은 깨달음은 실로 값졌다.

종들아 모든 일에 육신의 상전들에게 순종하되
사람을 기쁘게 하는 자와 같이 눈가림만 하지 말고
오직 주를 두려워하여 성실한 마음으로 하라 골 3:22
Slaves, obey your earthly masters in everything;
and do it, not only when their eye is on you
and to curry their favor, but with sincerity
of heart and reverence for the Lord.

순종이란 상식으로 이해되지 않아도 따르는 태도다. 종강 모임이 아버지 환갑잔치까지 빠지면서 참석할 만큼 중요하지 않게 여겨져도, 내 육신의 상전인 학과장님의 말에 순종하는 게 곧 하나님의 말씀에 순종하는 거였다.

주님은 어린 나이에 박사 과정을 시작하는 내게 실력만 갖추는 박사가 아니라 인격과 신앙도 함께 성숙하여 그분의 영광을 드러내길 원하셨다. 그래서 육신의 상전과 권위자를 대하는 바른 자세를 배우도록 훈련하셨다.

만삭의 최연소 박사

탈락의 위기 끝에 주어진 박사 과정이었기에, 나는 더더욱 감사하며 절실하게 공부했다. 하나님께서는 내 태도에 나태함이 틈타지 않고, 학업에 최선을 다하도록 간절함을 채워주셨다.

또한 매 학기 배운 내용을 영어 선교원에 적용하고 현장에서 얻은 통찰과 발견을 연구에 반영하여 박사 논문까지 감사와 최선으로 감당하게 하셨다.

친언니와 여자 선후배들을 보면서 여자로서 대학원 공부를 끝낸다는 게 쉽지 않다는 걸 익히 알았다. 공부 중에 임신하면 출산으로 휴학해야 하고, 육아로 몇 년의 공백이 생긴 후에 다시 공부를 시작하는 건 생각처럼 쉽지 않아 보였다.

친언니도 형부와 함께 미국에서 대학원 공부를 시작하려는데 큰아이를 출산하여 잠시 멈춰야 했고, 큰아이를 어느 정도 키워놓고 다시 시작하려고 하니 둘째를 임신했다. 공부를 또 멈췄다가 두 아이를 어느 정도 키워놓으니 10년이란 세월이 훌쩍 지나서 다시 공부를 시작하기가 쉽지 않았다.

그래서 나는 더욱 속도를 냈다. 아이가 생기기 전에 학위를 따려고 쉼 없이 공부했고, 박사 과정에 필요한 학점을 이수하고 종합시험에 합격했다. 그리고 마침내 논문 학기가 되었을 때, 하나님께서 첫아이를 임신하게 하셨다.

만삭의 몸으로 매일 책상에 앉아 책을 읽고 컴퓨터로 논문 작업을 하는 건 만만치 않았다. 장시간 컴퓨터 작업으로 태아가 전자파에 다량 노출되는 게 가장 미안했다. 그래도 내 인생에서 책을 가장 많이 읽고 집중적으로 공부했던 시간이기에 아이에게 '박사 공부 태교'를 해주었다고 위안 삼았다(그래서인지 첫째가 유독 책 읽는 걸 좋아하니 이 또한 감사한 일이다).

주님은 만삭인 내가 마지막 논문까지 멈추지 않고 달려갈 수 있도록 순간순간 다독이고 인도하시며 지혜와 힘을 넘치게 부어주셨다.

모든 논문 과정이 끝나고 교수님들과 학과 동료, 선후배 앞에서 논문을 발표하는 날이었다. 앞서 선배들의 논문 심사가 끝나고, 드디어 내 차례였다. 밤새 발표 자료를 취합하고 배 속 아이와 함께 교탁 앞에 선 그 순간을 잊을 수가 없다. 몇 달간 이어진 논문 작업으로 몸도 많이 지쳤고 마음도 몹시 떨리고 두려웠다. 나는 하나님께 SOS를 보냈다.

'하나님, 너무 떨리고 불안해요. 도와주세요…!'

짧은 기도를 마치고 발표를 시작하려는데, 갑자기 창밖에서 하얀 첫눈이 펑펑 쏟아졌다. 보통은 눈이 오면 조금씩 흩날리다가 눈발이 굵어지기 마련인데, 처음부터 마치 하늘에서 축하 폭죽을 터뜨리듯이 펑펑 쏟아져 내렸다.

사람들은 '때마침 첫눈이 내리네'라고 생각했겠지만, 내겐 하나님이 보내주신 응원의 메시지 같았다. 그간의 수고를 누구보다 잘 아시는 주님이 나를 칭찬하고 격려하셔서 사랑의 선물로 내려 보내주시는 눈송이라는 생각이 들었다. 지금껏 살면서 그때처럼 예쁜 눈을 본 적이 없다. 참으로 포근하고 따뜻했다.

강의실 안은 첫눈의 설렘으로 가득 찼고, 내 마음도 하나님의 따스한 응원으로 가득 채워졌다. 떨림과 불안은 온데간데없었다. 나는 자신 있게 발표를 시작했다.

발표 내내 교수님과 선후배의 눈빛이 흥미롭다는 듯 초롱초롱했다. 발표가 끝나자 환호성과 함께 박수갈채가 쏟아졌다. 가슴이 벅차올랐다.

내가 잘해서 느끼는 희열이 아니었다. 발표 가운데 성령 하나님이 함께하셨음을 온몸으로 느끼는 데서 온 감격이었다. 예배 공간이 아닌 대학 강의실에서 성령의 기름부으심을 충만히 경험한 놀라운 순간이었다.

나중에 한 크리스천 후배가 이렇게 말했다.

"선배, 박사 논문 발표를 들으며 은혜받기는 처음이에요."

하나님의 지지와 격려 속에서 박사 과정을 무사히 마치고 2010년 2월 말, 나는 임신 9개월의 몸으로 학교 설립 이래 첫 최연소 20대 박사가 되었다. 그리고 보름 뒤인 3월 15일, 첫아이 시후가 태어났다.

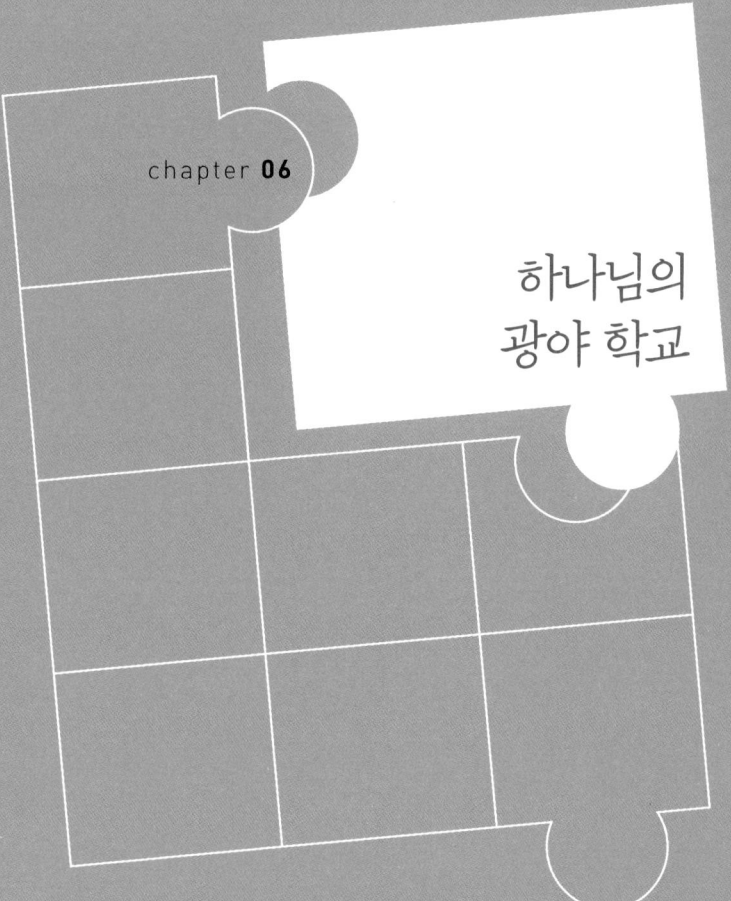

chapter 06

하나님의
광야 학교

기도는 땅에 떨어지지 않는다

성격 급한 내 시간표와 온유하신 하나님의 시간표 사이에는 늘 속도 차이가 있었다. 내 안에 아메리칸드림이 늘 꿈틀거렸기에 그 격차가 더 벌어졌다.

대학 졸업 후, 미국 유학을 두고 기도했다.

'하나님, 이때인가요?'

'아니다! 부모님의 영어 선교원 운영을 도와주겠니?'

석사 과정을 마치고 다시 기도했다.

'하나님, 이때인가요?'

'아니다! 석박사 통합과정을 시작하면 어떻겠니?'

그리고 남편을 만나 결혼한 후 또다시 여쭈었다(사실 남편도 나도 미국 유학을 소망하며 기도하고 있었기에 이제는 보내실 줄 알았다).

'하나님, 이제… 가도 되지요?'

'아니! 그 이유는….'

또다시 어쩔 수 없는 상황이 펼쳐졌다.

당시 남편이 섬기던 교회에서 부교역자들이 한꺼번에 사임하자 담임목사님은 남편이 교회를 더 섬겨주길 부탁했다. 2년만 더 사역을 도와주면 그 뒤에 미국 유학자금을 지원해주겠다고도 제안했다.

감사한 제안이었지만, 너무도 오랜 시간 유학을 기도하며 기다렸기에 순종하기가 힘들었다. 당시 언니들이 모두 미국에 있었고, 언니네 집에 자주 방문하며 내 아메리칸드림은 부풀 대로 부푼 상태여서 더 답답했다.

게다가 미국에서 나고 자란 조카들을 보며 내 아이들도 미국 유학 기간에 출산해서 언니들과 함께 키우고 싶었다. 하지만 하나님께서는 교회를 섬기는 일에 먼저 순종하길 요청하셨다. 나는 속상해서 펑펑 울며 투정 부리듯 따졌다.

'하나님! 왜 맨날 저만 못 가게 하세요? 왜 제 발목만 잡으시냐고요! 남들은 마음대로 계획 세우고 가고 싶을 때 다 가는데, 왜 전 제 생각대로 못 하게 하시나요? 네?!'

하지만 별수 있는가. 그분의 시간표에 맞춰 순종할 수밖에.

2년의 기다림 가운데, 난 한국에서 박사 학위를 받고 큰아이를 낳았다. 같은 시기에 충성스럽게 교회를 섬기며 유학을 준비한 남편은 미국 대학원으로부터 입학을 허가받아 유학을 위한 모든 절차를 마쳤고, 교회에는 약속대로 사임의 뜻을 전했다. 그런데 담임목사님이 갑자기 말을 바꾸며 등을 돌렸다.

10년 넘게 사역하며 멘토로 생각했던 목사님으로부터 인간적인 배신을 당하자, 우리는 주님밖에 의지할 데가 없었다. 그래서 어려운 상황 속에서 절박하게 기도하며 매달렸고, 마침내 우리 세 식구는 미국으로 향할 수 있었다.

기도는 절대 땅에 떨어지지 않는다. 하나님께서는 내 성급함을 뛰어넘어 우리 부부의 힘이 전부 빠져 가장 가난한 심령일 때, 주님만을 의지해 미국에 가게 하셨다. 또한 미국 유학에 대한 내 오랜 기도의 열매를 남편이 거두게 하셨다.

프리스쿨에서 일하다

미국 생활은 상상과 매우 달랐다. 유학 초기에 남편은 한국에서 섬기던 목사님으로부터 받은 상처 때문에 머리끝부터 발끝까지 온몸이 아팠다. 게다가 미국에 여행으로 잠시 들르는 것과 정착해서 사는 건 아예 다른 차원이었다. 집과 생활비를 마련하고, 언어의 장벽을 뚫고 모든 생활 환경을 새롭게 정비해야 했다.

집을 구하고, 차를 사고, 인터넷을 연결하고, 생활비를 결제하는 등 일상적인 업무 처리의 어려움뿐 아니라 인종차별, 문화차이 등 사회적 약자로서 겪어야 하는 어려움도 참 많았다.

다행히 첫 6개월은 큰언니네가 가까이 있어서 많은 도움을 받았지만, 이후 언니네가 한국에 돌아가고 우리 가족만 남자 외로움이 물밀듯이 밀려왔다. 한국에선 하루도 쉴 틈 없이 바쁘게 살았는데 낯선 미국 땅에선 아이를 키우는 것 말고는 하는 일이 없으니 너무 허전했다.

한국에 있는 선후배와 동기들이 연구하고 강의하고 일하는 소식을 들을 때마다 멈춘 시간 속에서 나만 도태되는 것 같았다. 불안이 엄습할 때마다 하나님께 졸라댔다.

'하나님, 저 미국에서도 일하게 해주세요!'

그러던 어느 날, 장을 보러 가는 길에 도로변에 크고 반듯한 프리스쿨(preschool, 미국의 영유아 교육기관으로 한국의 어린이집이나 유치원같이 2-6세 아동이 다님) 건물이 보였다. 그 옆을 지나가는데 갑자기 기도가 툭! 튀어나왔다.

'하나님, 저 이곳에서 일하고 싶어요. 여기서 일할 수 있게 해주세요.'

다음 날 무턱대고 그곳을 찾아갔다. 돌쟁이 아들의 입학 상담을 핑계로 방문하여 학교 내부와 교육과정을 꼼꼼히 살폈다. 안에서 보니 밖에서 보는 것보다 훨씬 좋았다. 시설도 깨끗하고, 아이들 얼굴도 밝고, 교실 분위기도 환하고 따뜻했다. 나는 집으로 돌아와 곧장 이력서를 써서 보내며 일하고 싶다는 의사를 밝혔다.

감사하게도 원장님이 한국에서의 내 이력과 경력을 높이 평가해 'curriculum coordinator'(교육과정 개발자)로 함께하길 제안해주었다. 이 프리스쿨은 우리 동네에서 가장 컸고, 학급 수도 많고 시설과 교육과정이 좋아 원비가 비싼 학교로 유명했다(유학생 형편으론 아이를 보낼 수 없는 곳이었다). 그런데 입사하면서 자연스럽게 아들도 2세 반에 보내는 조건으로 일을 시작했다. 모든 게 술술 풀리는 듯했다.

하지만 행복도 잠시, 금세 고난이 찾아왔다. 출근한 지 얼마 되지 않아 2세 두 반 중 한 반의 담임교사가 건강 문제로 결근하여 대체 교사가 급히 필요했다. 원장님은 내게 교사를 구할 때까지 당분간 맡아주길 요청했다.

한국과 달리, 미국 유치원 교사들은 몸이 아프거나 일이 있으면 당일 아침에 연락해서 결근 통보를 하는 경우가 많았다. 그런 날엔 사무실 직원이 급히 대체 교사로 들어갔다. 그래서 나도 큰 부담 없이 하루나 이틀 정도 하면 될 줄 알고, 원장님의 부탁에 흔쾌히 응했다. 그런데 두 달이 지나도록 담임교사가 돌아오지 않았다.

교사들이 출근하기 전에는 2세 반 아이들이 한 반에 모여있다가, 교사가 출근해서 자기 반 아이들을 데리고 각 반으로 흩어지는 체계였다.

우리 아들은 내가 맡지 않은 다른 2세 반 소속이었는데, 매일 알아듣지도 못하는 영어로 말하는 선생님과 함께 있는 걸 힘들어했고, 엄마랑 떨어지기 싫어서 계속 매달리고 서럽게 울었다. 나는 그런 아들을 떼어놓고 아들 또래 다른 아이들의 손을 잡고 나와야 했다. 어린 아들은 엄마가 자기를 버리고 떠나는 듯한 모습에 망연자실한 채 "엄마~ 엄마~" 하며 닭똥 같은 눈물만 뚝뚝 떨어뜨렸다.

우리 반 교실은 아들이 있는 교실과 복도 하나를 사이에 두고 있었다. 오전 내내 아들의 비통한 울음소리가 선명하게 들려왔다. 내 아이는 안아주지도, 달래주지도 못하고 다른 아이들을 돌봐야 하는 상황에 가슴이 미어졌다. 문만 열고 나가면 아이를 안아줄 수 있는데, 당장이라도 달려가서 달래고 싶은데, 그럴 수 없어서 너무 미안하고 속이 탔다.

하나님께 일하게 해달라고 조르고 졸라서 들어온 천국 같던 곳이 어느새 지옥이 되어있었다. 교육과정 개발자로 입사했는데, 교사로 소환돼 하루에도 몇 번씩 아이들 똥 기저귀를 갈아주고 교실 청소와 화장실 청소까지 해야 했다. 거기다 어린 아들과는 생이별의 아픔까지 겪어야 하는 상황이 몹시 견디기 힘들었다. 한국에선 교수, 박사, 원감으로 나름 대접받으며 지냈는데, 하나님께서 나를 왜 이런 바닥까지 끌어내리시는지 이해할 수 없었다.

하루에도 수없이 속으로 '그만두자!'를 외치며 지내던 어느 날, 반 아이의 기저귀를 갈아주고 일어나는데 교실 창밖으로 또다시 울고 있는 아들이 보였다. 시계를 보니 아들 기저귀를 갈아줘야 할 시간이었다.

'내 아들 기저귀는 못 갈아주면서 남의 아들 기저귀나 갈아주고… 내가 지금 뭘 하는 거지?'

너무 속이 상해서 눈물이 흘렀다. 그런데 그때, 말씀 한 구절이 뇌리를 스쳤다.

아들이나 딸을 나보다 더 사랑하는 자도

내게 합당하지 아니하며

또 자기 십자가를 지고 나를 따르지 않는 자도

내게 합당하지 아니하니라

자기 목숨을 얻는 자는 잃을 것이요

나를 위하여 자기 목숨을 잃는 자는 얻으리라 마 10:37-39

Anyone who loves their son or daughter

more than me is not worthy of me.

Whoever does not take up their cross

and follow me is not worthy of me.

Whoever finds their life will lose it,

and whoever loses their life for my sake will find it.

감사함으로 받으면 버릴 것이 없나니

'지금 겪고 있는 이 상황이 십자가를 지고 주님을 따르는 길이라고?'

하나님께선 내 아들을 챙기지도, 안아주지도 못하는 이 가슴 아픈 상황이 바로 예수님의 십자가를 지고 그분을 따르는 일이라고 하셨다. 자식을 안아주지 못하는 아픔을 십자가를 지는 마음으로 감당하며, 내게 맡기신 우리 반 아이들을 사랑으로 섬겨주길 원한다고 말씀하셨다.

처음에는 순종하기가 너무 어려웠다. 여전히 아들에게 미안했다. 하지만 명확한 말씀으로 십자가를 지라는 감동을 주셨기에 빠져나갈 구멍이 없었다. 나는 속으로 '아멘!'을 외치고, 그날부터 십자가를 지는 심경으로 맡겨주신 일을 감당하기로 결심했다.

하지만 하루에도 열두 번씩 인간적인 마음이 올라왔다. 그래서 작은 포스트잇에 "십자가를 지고 나를 따르라"라는 문장을 적어 교실 곳곳에 붙여놓았다. 기저귀를 갈아주는 침대 앞, 매일 청소해야 하는 아이들 화장실 문 앞, 아이들을 재우는 이불을 넣어두는 장롱 앞, 건너편 아들 교실이 보이는 유리창 앞 등 눈에 닿는 곳마다 노란 포스트잇을 붙여놓고, 불평과 쓴 마음이 올라올 때마다 소리 내어 읽으며 짧게 기도했다.

'하나님, 제게 맡겨주신 이 아이들을 제 아들을 대하듯 사랑

으로 섬기게 해주세요.'

'하나님의 성전을 깨끗이 청소하듯 이 공간을 기쁨으로 청소하게 해주세요.'

'제가 기저귀를 갈아주고 낮잠을 재우는 이 아이들은 하나님의 존귀한 자녀입니다. 주님의 아이들을 사랑으로 돌보겠습니다. 주님은 제 아들을 살펴주세요.'

'예수님의 십자가 고통을 함께 질 수 있음에 감사합니다.'

말씀과 기도로 하루하루를 견뎠다. 그러자 차츰 상황을 바라보는 내 눈이 바뀌고 감사가 차올랐다. 힘들고 짜증 나고 자존심 상했던 일들이 재미있고 편해졌다. 어느새 아들의 울음소리도 점점 잦아들었고, 서로 편안하게 손을 흔들며 교실로 들어가는 날이 찾아왔다. 얼마 뒤에는 아들이 쉬는 시간에 바깥 놀이터에서 신나게 뛰어노는 모습도 볼 수 있었다.

사실 유학 생활 중에 자녀를 좋은 프리스쿨에 보내는 건 꿈만 같은 일이었다. 게다가 한국에서의 경력은 많지만, 미국에서의 경력이 전혀 없는데도 바로 취직이 되어 미국의 유아교육 환경을 체험케 하시는 것도 감사했다. 또 경제활동을 함으로써 빠듯한 유학생의 생계에 조금이나마 도움이 되는 것도 큰 감사 제목이었다. 상황은 그대로인데 주님의 말씀에 순종하자 모든 걸 감사함으로 받을 수 있었다.

물론 그 가운데서도 문제는 일어났다. 나는 프리스쿨에서 일하기 위해 한인 변호사를 통해 취업 비자 발급 절차를 진행 중이었다. 같은 한국인이니까 믿고 맡겼는데, 어느 날부턴가 연락이 닿질 않아 찾아가 보니 변호사 사무실이 텅 비어있었다. 수속 비용을 챙겨 도망간 거였다.

당시 선지급한 3천 달러는 유학생에게 큰돈이었다. 우리는 어디 물어볼 곳도, 도움받을 방법도 없이 그저 찢긴 마음을 다독이는 수밖에 없었다. 나중에 들으니, 미국 한인 사회에서 부지기수로 일어나는 일이었다.

한인에게 주로 사기 치는 사람은 다름 아닌 동포였다. 먼 타향살이에 서로 의지하고 사랑하며 살면 좋으련만 동포끼리 불신하고 의심하며 살아가는 모습이 안타까웠다. 결국 한인 이민 사회를 배우는 강습비로 3천 달러를 낸 셈이었다.

미국 유학 생활은 꿈꿨던 것처럼 파라다이스가 아니었다. 하지만 상황과 상관없이 감사의 시선을 통해 삶이 변화되는 순종의 유익을 깊이 체험한 훈련의 장이었다. 남편도 마음의 상처를 이겨내고 열심히 공부하여 석사 과정을 조기 졸업했다.

하나님께서는 치열하게 살아낸 우리 부부에게 둘째 아이를 선물로 주셨고, 출산일이 가까워지면서 자연스럽게 프리스쿨을 그만두게 하셨다.

인생엔 하나님의 '광야 훈련'의 시기가 반드시 찾아온다. 이스라엘 백성처럼 불평과 불순종으로 광야를 40년이나 뱅글뱅글 돌 것인지, 아니면 하나님 앞에 머리 숙이고 바짝 엎드려 믿음의 눈으로 하루빨리 가나안에 입성할 것인지는 훈련자의 마음가짐과 태도에 달렸다.

내게 미국 생활은 광야와 같았다. 하지만 하나님의 광야 학교에서 불평거리를 감사의 조건으로 바꾸었고, 말씀 앞에 바짝 순종하여 2년 반 만에 그곳을 통과했다.

처음 미국행 비행기에 탔을 때, 난 내가 'something'(특별한 존재)이라고 착각했다. 그런데 광야를 지나오며 'nothing'(아무것도 아닌 존재)임을 고백했다. 그리고 세상에서 낮은 자의 마음으로 살아갈 때, 하나님께 인정받는 진정한 'something'(존귀한 존재)이 될 수 있음을 깊이 깨달았다.

chapter **07**

눈물로
씨를 뿌리는 시간

겸임 교수로 임용되다

우리 부부는 2년 반의 속성 광야 학교를 잘 통과하고 네 식구가 되어 한국으로 돌아왔다. 잠시 멈췄던 시간이 다시 흐르는 것처럼 한국에서의 삶은 바쁘게 지나갔다.

큰 변화가 있다면, 예전엔 없던 모래주머니 두 개가 내 양쪽 발목을 잡고 있다는 거였다. 한쪽은 큰아이, 한쪽은 작은아이. 그러다 보니 내 능력과 계획에 따라 움직이던 이전의 삶과는 완전히 달랐다.

큰아이를 어린이집에 보내고 1개월 된 둘째를 돌보며 할 수 있는 일은 많지 않았다. 교수 임용 자리에 지원하려 해도 박사 졸업 후 2년 동안 출산과 육아에 매달리느라 연구 실적이 없어서 지원 자격이 안 됐다.

교수가 된 여자 선배들은 하나같이 내게 육아를 부모님이나 다른 누군가에게 맡기고 이기적으로 연구에 임해야만 전임 교수가 될 수 있다고 조언했다. 하지만 하나님께서 내게 맡겨 주신 아이들을 바르게 양육하는 것도 나의 귀한 직분이기에 더욱 최선을 다해 양육했다. 그러던 어느 날, 수원여대 아동영어학과 겸임 교수 임용 공고를 우연히 듣게 되었다. 겸임 교수는 육아를 병행하며 강의할 수 있는 자리였다. 기도하며 서류 지원을 했고, 면접을 거쳐 최종 합격 연락을 받았다.

알고 보니, 내정된 사람이 이미 있었는데 학과 특성상 아동영어교육 현장 경험이 많은 교수가 필요해서 국내외 다양한 현장 경력이 있는 나를 높이 평가하여 자리를 하나 더 만들어 추가 임용했다고 했다.

이전까지는 엄마를 도와 영어 선교원에서 일한 시간이 부모님을 위해 희생하고 헌신한 시간이라고 생각했다. 또 미국 프리스쿨에서의 경험은 자식을 돌보지 못하고 매일 눈물로 버틴 고난과 연단의 과정으로만 여겼다.

그런데 눈물로 순종하며 씨를 뿌린 시간이 차곡차곡 쌓여 다양한 현장 경력이 되었고, 그 덕에 한국에 돌아오자마자 교수로 임용될 수 있었다. 그것도 두 아이의 출산과 육아로 경력이 단절된 엄마가 말이다.

> 눈물을 흘리며 씨를 뿌리는 자는 기쁨으로 거두리로다
> 울며 씨를 뿌리러 나가는 자는 반드시 기쁨으로
> 그 곡식 단을 가지고 돌아오리로다 시 126:5,6
> Those who sow with tears

will reap with songs of joy.

Those who go out weeping,

carrying seed to sow,

will return with songs of joy,

carrying sheaves with them.

하나님나라의 적금은 절대 손해 보는 법이 없다. 인간 세상의 적금이나 투자 상품은 이율도 들쭉날쭉하고 불안정한 경기에 따라 원금을 손해 보기도 하지만, 하나님나라 상품은 헌신하고 투자한 만큼 복이 배가되며 결코 손실이 없다.

그렇다고 그 복을 받기 위해 하나님께 헌신하라는 건 아니다. 난 적어도 복을 기대하며 순종하진 않았다. 그저 힘들고 지치고 하기 싫은 순간에도 내 생각을 과감히 버리고 하나님의 말씀을 따랐다. 그랬더니 하나님께서 내 삶에 귀하고 보배로운 일을 하나하나 이뤄주셨다.

그런즉 너희는 먼저 그의 나라와 그의 의를 구하라

그리하면 이 모든 것을 너희에게 더하시리라 마 6:33

But seek first his kingdom and

his righteousness, and all these things

will be given to you as well.

하나님께서는 수원여대 교수뿐 아니라 사이버대학원과 다수의 대학에서도 강의하도록 길을 열어주셨다. 출산 전엔 이론 위주의 강의를 했다면, 출산 후에는 이론을 내 자녀와 현장에 적용하면서 경험한 실제 사례와 내용을 바탕으로 실질적이고 풍성한 아동 영어교육 강의를 할 수 있었다. 그러다 보니 학생들로부터 좋은 강의평가를 받았고, 전문성과 실력을 인정받는 교수가 되었다.

전임 자리를 포기하다

어느 날 한 사이버대학원의 학과장님으로부터 다음 학기 전임 교수 자리에 지원해보라는 제안을 받았다. 수년 동안 시간 강사만 하던 내게는 아주 매력적인 제안이었다. 특히 국내외에서 날고 기는 실력 있는 박사 학위자들이 이 학교의 전임 교수 자리를 얻고 싶어 했다.

'하나님! 저 드디어 전임 교수가 되는 건가요? 그럼 제 개인 연구실도 생기는 거죠?'

가장 먼저 떠오른 건 '개인 연구실'이었다. 제대로 된 나만의 공간과 책상 하나 없이 보따리장수처럼 이 학교 저 학교의 강의실을 떠도는 시간 강사에겐 꿈의 공간이었다.

나는 둘째 아이 출산 6개월 만에 대학 강의를 다시 시작했다. 두 아이 모두 모유 수유를 했기에 강의하러 가는 날엔 쉬는 시간마다 유축을 해서 모유를 보냉 가방에 보관했다가 집으로 가져와야 했다. 그런데 개인 공간이 없어서 유축을 할 때 늘 곤란했다. 주차장의 차 안에서 유축을 하면 차 근처에서 흡연하는 학생들의 눈에 띨까 조마조마했다. 주차장까지 갈 시간조차 없을 땐 화장실 한 칸이 유축 장소가 되었다.

그때만 해도 휴대용 유축기 소음이 꽤 컸다. 한번은 화장실에서 유축을 하다가 '잉~ 잉~' 하는 시끄러운 유축기 소리를 듣고 담배를 피우던 여학생들이 말했다.

"야! 아까부터 화장실에서 이상한 소리 나지 않냐? 이게 뭔 소리지? 어떤 X이 이상한 짓을 하는 것 같은데? 어느 칸에서 나는 소리지?"

그러면서 화장실 문을 앞에서부터 하나씩 발로 차며 열어 보기 시작했다. 결국은 내가 있는 마지막 칸 문을 밖에서 두 발로 빵빵 차며 한참을 히죽댔고, 난 여학생들이 돌아가고 나서야 화장실에서 나올 수 있었다. 변기에 앉아 담배 연기를 맡으며 학생들에게 걸리지 않으려고 숨죽여 유축하는 내 신세가 너무 비참했다.

여성이며 엄마로서 사회활동을 한다는 건 많은 희생과 어려움이 따른다. 지금은 예전보다 여성 복지가 많이 개선되었지만, 한국 사회 안에 여성과 사회적 약자를 향한 배려와 환대가 여전히 부족함을 느낀다.

전임 교수가 될 수 있다는 희망으로 가득 찬 내게 학과장님이 한 가지 조건을 붙였다. 사이버대학원이다 보니 학생들이 평상시에는 온라인으로 공부하고, 토요일에는 학교에 주말 특강을 들으러 오니 전임 교수가 토요일마다 학교에 나와 학생들과 연구 모임을 함께해야 한다고 했다.

'그래, 그 정도는 할 수 있지.'

그런데 학과장님이 또 한마디를 덧붙였다. 모임 후 학생들과 술자리를 같이하며 밤늦게까지 이야기도 나누고 상담도 해주는 친목 모임을 가져야 한다고 말이다. 이건 전혀 예상치 못한 제안이었다.

'평생 토요일은 주일을 준비하는 날로 살았는데, 학생들과 술을 마시라니! 그것도 사모가?'

마음이 무거웠다. 학생들과 술자리에 앉아있는 내 모습을 그려봤다. 물론 자리만 함께하며 술은 안 마실 수 있다. 하지만 교수이기 이전에 사모가 술자리에 앉아있는 모습만으로도 시험에 들 신자나 크리스천 학생이 있을 수 있기에, 그 자리는 내 자리가 아님이 명확했다.

'세상 사람들과 다를 바 없이 술자리에서 어울리는 사람이 학생들 앞에 교수로 서서 예수 그리스도의 모습을 드러낼 수 있을까?'

하나님께서 나를 교수로 세우신 목적은 영향력 있는 복음 전파의 도구로 사용하시기 위함인데 '술자리에 앉아있는 교수'와 '복음 전도자'는 도저히 함께 갈 수 없었다. 게다가 당시엔 아이들도 어려서 늦게까지 학교에 있으면 육아에도 어려움이 많았다.

또 남편이 섬기던 교회는 부교역자 사모가 직장생활을 하는 걸 반기지 않는 분위기였다. 주중에도 사모들이 참석해야 할 교회 모임이 많았고, 남편이 맡은 교구 사역에도 중간중간 참석할 일이 꽤 있었다. 그런 상황에서 전임 교수가 되어 매일 출근하고 주말까지 일하면 교회 사역에 지장이 생길 게 뻔했다.

'여러 가지 상황으로 볼 때, 이 자리는 내 자리가 아니다.'

나는 기도 끝에 전임 교수 자리 제안을 정중히 거절했다.

하나님나라의 가치를 위해 세상 가치를 내려놓는 일은 처음보다 그다음이, 또 그다음으로 갈수록 점점 수월했다. 당장은 아쉬워도 장차 하나님께서 이보다 훨씬 좋은 것으로 채워주실 거라는 믿음으로 내려놓을 수 있었다. 그동안의 순종 훈련을 통해 하나님을 향한 내 믿음도 조금씩 성장했다.

전임 교수 자리와 맞바꾼 가치는 실로 엄청났다. 난 하나님이 주신 소중한 두 아이를 어려서부터 누구의 손에도 맡기지 않고 백 퍼센트 엄마표 사랑을 듬뿍 쏟으며 건강하게 키워냈다. 물론 조부모님이나 다른 도움을 받아도 잘 키울 수 있지만, 아이가 정서적, 신체적, 인지적으로 어느 정도 성장할 때까지는 엄마와의 온전한 애착 관계 안에서 안정감 있게 키우고 싶었다.

초등학교 시절, 내가 학교에서 돌아오면 엄마는 늘 집에 계시지 않았다. 뒤늦은 아버지의 신학 공부를 시작으로 교회 개척을 하기까지 가정의 경제활동은 엄마가 도맡으셨기 때문에 나는 텅 빈 집에 혼자 있는 시간이 많았다. 그때 느낀 외로움과 쓸쓸함을 내 아이들이 느끼게 하고 싶진 않았다. 그래서 아이들이 어릴 땐 내 경력을 쌓는 일보다 함께하는 육아에 우선순위를 두었다.

또한 사모로서도 남편이 목회 사역을 안정적으로 감당할 수 있도록 물심양면으로 내조했다. 감사하게도 하나님께서는 내가 엄마와 아내, 사모로서 충실히 살아냄과 동시에 전공도 살릴 수 있도록 외래 교수 자리를 계속 맡겨주셨다.

그리스도인은 보이지 않는 하나님나라의 가치를 위해 눈에 보이는 세상 가치를 버릴 줄 아는 자다. 그 믿음의 눈을 가지면 비록 당장은 손해 보는 것 같고 캄캄한 터널에 갇힌 것처럼 삶이 막막하게 느껴질지라도, 주님의 시간표에서는 가치 있는 순종의 시간으로 계수되고 있음을 깨닫게 된다.

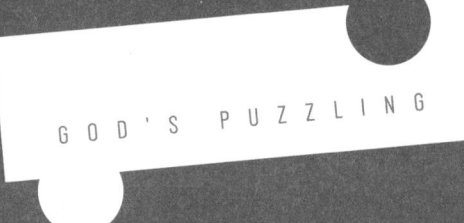
GOD'S PUZZLING

2 PART

새로운 사역을
시작케 하신 하나님

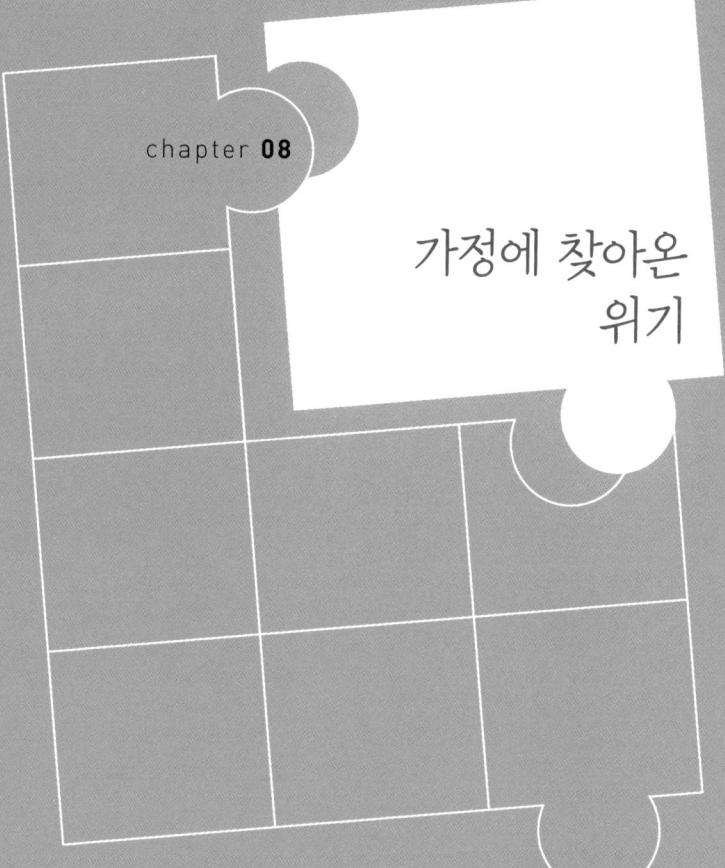

chapter 08

가정에 찾아온
위기

아들의 틱 장애

아이들을 키우며 신앙교육과 영어교육은 놓치지 않으려 최선을 다했다. 태중에서부터 영어 태교에 힘썼고, 출산 후에는 영어 노래와 동화책을 자주 읽어주며 아이의 영어 귀가 열리게 했다. 말을 시작하면서부터는 말씀 암송도 꾸준히 시켰다.

그래서인지 큰아들은 5세 때 노회에서 주최한 어린이 영어 말씀 암송대회에 출전해 최연소로 대상을 받았고, 총회 어린이 영어 암송대회에서도 은상을 수상했다. 이렇듯 우리 부부는 아이가 악한 세상을 본받지 않고 말씀으로 무장한 믿음의 사람으로 자라도록 부단히 노력하고 보호했다.

큰아이가 초등학교에 입학한 해의 일이다. 우리가 섬기던 교회는 교역자 사모들이 매 주일 오후에 각 가정을 돌아가며 사모 목장 모임을 했다. 사모 15명 정도가 한 집에 모이기에 장소가 협소해서 자녀들은 다른 집에 아이들끼리 모여서 놀아야 했다.

우리 집에서 모임을 하는 차례가 되어 큰아이가 다른 집으로 놀러 간 날이었다. 목장 모임이 모두 끝나고 저녁이 돼서 아들이 집으로 돌아왔는데, 왠지 모르게 불안하고 겁에 질려 있었다. 저녁밥도 잘 먹지 않고 얼굴에 근심이 가득했다. 그러고는 얼마 있다가 내게 오더니 떨리는 목소리로 말했다.

"엄마, 나 무서워. ○○ 형아가 내 아이패드로 영상을 찾아서 보여줬는데 너무 무서웠어."

아이가 말한 영상을 찾아보았다. 초등학교 1학년 아이가 보기엔 매우 해로운 영상이었다. 놀라면서도 화가 났다. 지금까지 이런 영상을 한 번도 본 적 없는 아이가 악한 영상에 노출된 사실이 속상했다. 그것도 자의가 아니라 타의에 의해. 깨끗한 하얀 천에 검은 먹물이 확! 부어진 느낌이었다.

예상치 못한 사건으로 내가 당황하는 사이, 아들은 겁에 질려 계속 울었다. 나는 마음을 추스르며 아들을 달랬다.

"엄마한테 솔직하게 다 이야기해줘서 고마워. 세상엔 좋은 영상, 나쁜 영상이 있어. 그런데 우리가 봐도 되는 것과 그렇지 않은 영상이 마구 섞여있어서 나쁜 영상에 쉽게 노출될 수 있어. 이런 나쁜 영상은 마귀가 좋아하는 생각이어서 우린 이런 걸 보면 안 돼. 찾아봐서도, 누군가에게 알려줘서도 안 되는 거야.

하지만 오늘은 네가 보고 싶어서 본 게 아니니까 네 잘못이 아니야. 알았지? 선한 것과 악한 것을 분별하는 힘을 달라고 같이 기도하자. 엄마 아빠가 함께 기도할게."

아이를 위로하고 안정시킨 후 함께 기도하는데 가슴이 너무 아팠다. 충격적인 영상일수록 잔상이 머릿속에 오래 남아 잘 사라지지 않는데, 어린 아들이 어떻게 감당할지 걱정이 됐다.

그날 밤, 아들은 결국 이불에 소변 실수를 했다. 5세 이후로 한 번도 하지 않던 실수라 아이도, 나도 놀랐다. 그런데 한 번이 아니고 이틀이 멀다 하고 계속됐다. 이 상황을 어떻게 대처해야 할지 너무 당황스러웠다.

이게 끝이 아니었다. 며칠 뒤부터 아이가 눈을 깜박거렸다. 깜박이는 횟수가 잦아지며 일반적인 깜박거림이 아니라고 느꼈다. 너무 놀라서 아이에게 왜 그러냐고 물어도 보고, 하지 말라고 혼도 내고 타이르기도 했지만, 그럴수록 깜박임의 횟수가 심각할 정도로 늘었다.

틱(tic)이었다. 하늘이 무너지는 것 같았다. 아이에게 심리적 충격이 너무 컸던 거다. 겉으로 보이는 외상은 약을 바르거나 수술로 고칠 수 있지만, 보이지 않는 심리적, 정서적 상처는 쏟아진 물처럼 다시 담을 수가 없었다. 더 안타까운 건, 내가 아이를 위해 해줄 수 있는 게 아무것도 없다는 거였다. 어디서부터 어떻게 치유해야 할지 막막했다. 아들에게 유해 영상을 보여준 그 아이가 미웠다.

'하나님, 왜 이런 아픔을 우리 가정에 주시나요? 왜 아무 잘못 없는 아들이 피해자가 되게 하시나요? 8세 아이가 감당하기에는 너무 큰 상처고 충격입니다. 하나님께서 그 마음을 어루만져 주세요. 속히 아들의 마음에서 유해 영상의 악한 영향이 사라지고, 아이가 안정을 찾도록 도와주세요. 모든 불안 증상이 사라지게 해주세요.'

아침저녁으로 울며불며 기도했다. 그런데 신기한 일이 일어났다. 아들을 위해 기도할수록 아이의 불안 증세가 사라지지는 않고, 우리 아들과 비슷한 틱 장애가 있는 다른 아이들이 하나둘 내 눈에 들어오기 시작했다. 고개를 한쪽으로 툭툭 까닥이는 초등 5학년 남자아이, 아들보다 더 심하게 눈을 깜박거리는 초등 1학년 여자아이 등 교회에서 자주 마주치던 아이들에게서 그동안 보지 못했던 증상이 서서히 보였다.

그 아이들의 가정환경을 살펴보았다. 부모가 밤늦게까지 일하느라 보살핌을 받지 못해 매일 핸드폰 게임에 빠져 지내는 아이, 아버지의 잦은 폭력과 폭언에 시달리는 아이, 부모가 바빠서 조모가 키우는데 방치되다시피 지내는 아이. 이 아이들은 전부 미디어에 장시간 노출되어 있었다.

'오, 주여….'

아들에게 이상이 있기 전에는 주변 아이들의 아픔이나 증상을 전혀 인지하지 못했다. 하지만 아들의 치유를 위해 부르짖고 기도하면서, 하나님께서 우리 가정에 이 아픔을 허락하신 이유를 조금씩 알 것 같았다. 주님은 고통받고 상처 입은 어린아이들의 아픔을 돌아보고 치유하며 회복시키는 일에 나를 부르고 계셨다.

무엇이 선하고 악한 것인지 아직 구분하지 못하는 어린 자녀들이 봇물 터지듯 쏟아지는 악한 미디어에 속수무책으로 노출되고 있었다. 아이들은 무섭다고, 아프다고, 도와달라고 온몸으로 표현했다. 눈을 세차게 깜박이고, 고개를 수없이 까닥이고, 이불에 오줌을 싸는 등등.

그런데 어른들은 아이들이 보내는 다급한 신호와 신음을 알아차리지 못한 채, 세속의 급류에 휩쓸려 맘몬을 좇으며 자녀들을 어둠의 권세에 내주고 있었다. 가슴이 무너졌다.

> 한 사람이 두 주인을 섬기지 못할 것이니
> 혹 이를 미워하고 저를 사랑하거나
> 혹 이를 중히 여기고 저를 경히 여김이라
> 너희가 하나님과 재물을 겸하여 섬기지 못하느니라 마 6:24
>
> No one can serve two masters.
> Either you will hate the one and love the other,
> or you will be devoted to the one
> and despise the other.

You cannot serve both God and money.

'오, 주여! 우리 자녀들이 이토록 악한 세상의 영향으로 고통받으며 허덕이고 있는데, 제가 돌아보지 못했습니다.'

아이들을 향한 하나님 아버지의 무너져 내리는 안타까운 마음이 고스란히 느껴졌다. 나는 울부짖으며 기도했다.

'아버지, 이 아이들을 고쳐주세요. 불쌍히 여겨주세요. 무엇이 진리이고 거짓인지 아직 분별하지 못하는 어린아이들에게 악한 문화의 폭포수가 쏟아지고 있습니다. 아이들을 보호해주시고, 살려주세요.'

기도의 확장

아들의 치료를 간구하던 기도가 교회 안의 아픈 아이들을 고쳐달라는 기도로 확장됐다. 더 나아가 악한 미디어로 인해 고통받고, 상처받고, 허덕이는 대한민국과 열방의 다음세대를 보호하시고 치료해달라는 기도가 터져 나왔다.

하나님께서는 내가 악한 세상에 무방비하게 노출된 상처 입은 자녀들을 품으며, 나처럼 애통해하는 부모들의 아픔을 헤아리게 하셨다.

다음세대를 위해 기도하자 아들에게 유해 영상을 보여준

아이에게 품었던 미움과 원망도 긍휼함으로 바뀌었다. 그 아이 역시 악한 미디어의 영향을 받은 피해자에 불과했다. 그를 사랑하고 용서하는 마음으로 가슴에 품고 간절히 기도했다.

   내 힘으로 용서할 수 없는 사람일지라도 하나님의 은혜가 부어지면 진심으로 용서하게 된다. 하나님께 기도하며 그분의 은혜를 구하는 자에게 값없이 베풀어주시는 하나님의 크신 사랑이 미움과 원망을 녹여버리기 때문이다.

> 너희는 이 세대를 본받지 말고
> 오직 마음을 새롭게 함으로 변화를 받아
> 하나님의 선하시고 기뻐하시고 온전하신 뜻이
> 무엇인지 분별하도록 하라 롬 12:2
>
> Do not conform to the pattern
> of this world, but be transformed
> by the renewing of your mind.
> Then you will be able to test and
> approve what God's will is –
> his good, pleasing and perfect will.

   유치원 정도까지는 부모가 자녀를 악한 세상 문화로부터 보호할 수 있는 물리적 환경이 조성된다. 하지만 학교라는 사회에 들어가면 자녀가 만나고 접하는 사람과 조직이 훨씬 넓고 다양해져 모든 상황을 부모가 통제하거나 보호하기 힘들어진다. 나는 아픔을 겪는 아이들을 품고 기도하며 이런 상황에서 이들을 지킬 방법을 고민하기 시작했다.

하나님께서는 기도 가운데 해답을 알려주셨다. 이 악한 시대에 우리 자녀를 지킬 유일한 방법은 '하나님의 말씀'뿐이었다. 바로 성령의 검, 곧 하나님의 말씀을 자녀의 마음에 새겨주는 것이다. 그래서 악한 것들이 공격해올 때 자녀의 마음 판에 심어놓은 말씀의 지혜로 선악을 스스로 분별하고 이겨낼 힘을 길러주는 것만이 우리 자녀를 악한 세상으로부터 지켜내고 믿음으로 성장시킬 유일한 방법임을 깨닫게 하셨다.

그래서 우리 집은 가정예배를 강화했다. 자녀들이 어려서부터 가정예배를 드리긴 했지만, 이때부터는 예배뿐 아니라 말씀 암송에 강조점을 두었다. 간헐적인 말씀 암송으로는 아이들이 직면할 세상의 수많은 유혹을 이길 수가 없다. 하나님의 말씀이 자녀의 마음에 충만하게 채워져서 흘러넘쳐야만, 말씀을 무기 삼아 세상을 이겨나갈 능력의 사람으로 세워진다.

그 무렵, 말씀 암송 강화와 함께 아들의 회복을 앞당긴 또 하나의 감사한 기회가 주어졌다. 1개월간의 북미 지역 여행이었다. 아들의 사건이 있은 지 얼마 뒤에 남편이 미국 대학에서 목회학 박사 과정을 마치고 졸업하게 되었는데, 당시 섬기던 교회에서 졸업식 참석을 위해 휴가를 주셨다. 상처받고 아파하던 우리 가정에 하나님께서 주신 치유의 선물이었다.

그동안 아들 마음의 상처를 치료하기 위해 가정예배를 강화하고, 말씀으로 위로하고 기도하며 어둠의 기억을 지워주려 노력했지만, 여전히 악한 미디어에 노출될 위험이 다분한 환경에서 아들이 온전히 회복되기엔 한계가 있었다. 그런데 하나님께서 한국을 벗어나 깨끗이 정화될 수 있는 시간을 허락해 주셨다.

대자연에서 만난 성령님

우리 가족은 한국에서의 모든 일정을 멈추고 미국과 캐나다로 떠났다. 하나님이 지으신 광활한 자연이 펼쳐진 미국 동부 워싱턴 D.C.를 시작으로 나이아가라 폭포를 지나 캐나다 토론토와 퀘벡을 여행했다.

세상 미디어로부터 백 퍼센트 벗어나 창조주 하나님의 손길이 깃든 대자연에 온전히 스며들어 깊은 묵상과 감사가 샘솟는 최고의 힐링 시간이었다. 그동안 어둡고 자극적이고 악한 미디어 속에서 허덕이던 아이들의 눈과 머리와 마음이 청정수로 말끔히 씻기는 듯했다.

마지막으로는 캐나다 캘거리로 넘어와 세상에서 가장 아름다운(내겐 이곳이 그렇다) 로키산맥을 여행했다. 누군가 천국이 어떤 곳이냐고 묻는다면, 나는 주저 없이 '로키산맥과 같은 곳'일 거라고 말하고 싶다.

캘거리 공항에서 나와 자동차를 타고 밴프로 들어가는 순간, 사방으로 펼쳐진 웅장하고 아름다운 로키산맥을 보며 마치 거대한 하나님의 임재 가운데로 들어가는 듯한 인상을 받았다.

한번은 차도로 엄마 곰과 아기곰 세 마리가 유유히 지나갔다. 모든 차가 멈춰 곰 가족이 안전하게 도로를 건널 때까지 기다려주었다. 누구도 경적을 울리거나 소리치거나 총을 쏘려 하지 않았고, 사진을 찍겠다고 몰려들지도 않았다. 곰들도 자동차를 위협하거나 사람들을 해치지 않았다.

새끼 사슴이 도로변 길가의 풀을 뜯어 먹어도 사슴을 잡아가거나 겁을 주며 쫓아내는 사람이 없었다. 엄마 사슴이 멀리 떨어져 있었지만, 사람들이 사진기를 들고 새끼를 찍어도 혹여 제 자식이 다칠까 걱정하는 기색이 없었다. 사람들이 새끼 사슴을 소중히 여기고 사랑해주는 걸 믿는 눈치였다.

이는 마치 사자들이 어린아이와 뛰놀고 장난쳐도 물지 않는 참사랑과 기쁨의 나라, 태초에 하나님께서 만드신 에덴의 모습과도 같았다.

그때에 이리가 어린 양과 함께 살며

표범이 어린 염소와 함께 누우며

송아지와 어린 사자와 살진 짐승이 함께 있어

어린아이에게 끌리며 암소와 곰이 함께 먹으며

그것들의 새끼가 함께 엎드리며

사자가 소처럼 풀을 먹을 것이며

젖 먹는 아이가 독사의 구멍에서 장난하며

젖 뗀 어린아이가 독사의 굴에 손을 넣을 것이라 사 11:6-8

The wolf will live with the lamb,

the leopard will lie down with the goat,

the calf and the lion and the yearling together;

and a little child will lead them.

The cow will feed with the bear,

their young will lie down together,

and the lion will eat straw like the ox.

The infant will play near the cobra's den,

and the young child will put its hand

into the viper's nest.

눈을 들어 사방의 산을 바라보았다. 산맥과 골짜기마다 우리 가족을 격려하고 꼭 끌어안아 주시는 사랑의 하나님의 얼굴이 보였다. 내가 '아버지, 저 여기 있어요!' 하고 작게 속삭이자 산 굽이굽이마다 '그래, 우리 딸. 아빠 여기 있다!'라고 말씀하시는 하나님의 음성이 들리는 듯했다.

대자연 속에서 하나님의 따스한 눈빛이 우리를 주목하셨다. 그곳은 가만히 있어도 그분의 사랑과 임재가 폭포수같이 쏟아져 나를 가득 채우고도 남는, 에덴이었다.

'하나님, 이렇게 당신을 바로 옆에서 가까이 느끼고 친밀하게 교제하는 에덴과 같은 삶을 날마다 살고 싶어요.'

마음속에서 간절한 사랑의 고백이 터져 나왔다.

하나님은 로키에서뿐 아니라 한국이나 어느 곳에서도 내가 그분을 찾고 부르기를 기다리셨다. 단지 바쁜 일상과 욕심과 휩몰아치게 정신없는 한국 사회 분위기에 휩쓸려서 내 안에 계신 하나님과 친밀하게 교제하지 못했다. 그분은 늘 기다리셨지만, 내가 찾지 않았기에 그분을 느끼지도, 만나지도 못했던 거다.

이후 나는 외롭고 지치고 혼자 감당하기 힘든 일에 맞닥뜨릴 때마다 멀리 계신 하나님이 아니라 이미 내 안에 계시는 성령 하나님을 간절히 부른다.

'제 안에 계신 성령님! 주님을 높여드립니다. 이 시간 제 마음의 보좌에 좌정해주세요. 주님의 넓고 크신 사랑을 넘치게 부어주세요.'

그러면 하나님께서는 즉각 응답해주신다. 내 마음에 넘치는 사랑을 부어주시고, 깊은 기도로 이끌어 위로하시고, 문제를 이겨나갈 힘과 지혜를 주신다.

우리 가족은 밴프 국립공원 안에 있는 아름다운 에메랄드 호수(Emerald Lake)에서 카누를 탔다. 깊고 고요한 호수에서 노를 젓고 있을 때, 주님은 에메랄드처럼 눈부시게 빛나는 수면 위로 나를 찾아오셨다. 내 마음에 잔잔하고 세미한 예수님의 음성이 들려왔다.

'너를 사랑한다.'

또 페이토 호수(Peyto Lake)가 내려다보이는 보우 산 정상(Bow summit)에서도 나를 두 팔 벌려 꼭 안아주신 그분의 넓고 포근한 사랑의 품을 경험했다.

뜨겁고 친밀하게 하나님을 만난 로키에서의 이 추억을 어떻게 잊을 수 있을까! 하나님의 사랑 안에 온전히 머문 시간 동안 우리 가정의 아픔과 상처는 깨끗이 씻겼고, 아들의 틱 증상도 말끔히 사라졌다. 세상 미디어에서 완전히 해방되어 성령의 기름부으심에 푹 빠져 지내며, 하나님의 뜨거운 사랑과 치유와 회복을 더없이 누리는 꿈같은 시간이었다.

chapter 09

사명의 땅으로 전진!

말씀교육과 영어교육의 성공 비결

캐나다를 떠나기 싫었다. 그곳에서 하나님의 임재를 깊이 느끼고 천국의 기쁨을 맛보며 그분 곁에 영원히 머물고 싶었다. 마치 변화 산에서 하나님의 영광을 경험한 베드로가 산 위에 계속 머물고 싶어 했던 것처럼.

하지만 하나님께서 내게 맡겨주신 사명의 땅이 있었다. 그분이 나를 통해 가정과 교회와 학교, 지역사회와 대한민국을 에덴의 모습으로 회복시키길 원하신다는 걸 알았다.

한국에 돌아와, 삶을 대하는 마음가짐은 더욱 신중해졌다. 목욕탕에서 묵은 때를 모두 벗겨내고 나온 다음에 깨끗한 상태를 오래 유지하고 싶은 것처럼, 더러운 것이 씻겨 나가고 하나님의 은혜로 온전히 채워진 나와 아이들의 마음을 계속 유지하고 싶었다.

그러기 위해 깨끗한 마음에 하나님의 말씀을 많이 심어야 했다. 나는 하루 한 절 암송 구절을 정해 아이들과 말씀을 암송했다. 무엇보다 우리 가족이 '함께'했다. 아이들만 암송하게 하면 절대 하지 않는다. 부모가 먼저 암송하는 본을 보여야 자녀도 자연스럽게 부모를 따라 암송한다.

가정에서 말씀 암송을 실천하고자 할 때, 이를 특별한 날에만 하는 어려운 일로 여기지 않는 분위기가 중요하다. 온 가족이 매일 삼시세끼 육의 양식을 먹듯이 '말씀 암송'이라는 영의 양식도 매일 먹는 게 당연하다는 분위기를 만들면 불평 없이 말씀 암송을 생활화할 수 있다.

그러려면 거듭 강조하지만, 자녀에게 시키기 전에 부모가 먼저 말씀 암송을 기쁘게 하는 모범을 보여야 한다. 그래서 우리 가정은 나와 남편과 두 아이가 다 같이 암송했다. 남편은 사역으로 바빠서 가끔 빠질 때도 있었지만, 난 아이들과 똑같은 구절을 빠짐없이 암송했다.

차를 타고 이동하거나, 식탁에서 밥을 먹거나, 아이들을 씻기거나, 학교와 유치원 등하굣길에 걸으며 함께 소리 내어 암송했다. 때를 얻든지 못 얻든지 틈날 때마다 온 가족이 하나님의 말씀을 읊조리고 묵상했다.

> 오늘 내가 네게 명하는 이 말씀을 너는 마음에 새기고
> 네 자녀에게 부지런히 가르치며 집에 앉았을 때에든지
> 길을 갈 때에든지 누워있을 때에든지 일어날 때에든지
> 이 말씀을 강론할 것이며 신 6:6,7

These commandments that I give you today are

to be on your hearts. Impress them on your children.

Talk about them when you sit at home

and when you walk along the road,

when you lie down and when you get up.

오늘 한글로 암송했다면, 다음 날은 같은 구절을 영어로 암송했다. 이왕이면 신앙교육과 영어교육을 병행하여 두 마리 토끼를 함께 잡는 효과를 기대했다. 둘 다 어려서부터 시작하는 게 효과적이기 때문이다.

어린 자녀를 둔 부모들이 종종 묻는다.

"언제부터 아이에게 영어를 가르치는 게 좋나요?"

나는 대답한다.

"어리면 어릴수록 좋습니다"(The younger the better).

그러면서 내 자녀의 사례를 들려준다.

큰아들은 아동 영어교육을 강의하던 엄마의 배 속에서부터 영어 노래와 영어 동화를 자주 들었다. 또 강의 준비를 위해 다양한 영어 동화책과 영어 노래를 읽고 부르는 엄마로 인해 자연스럽게 영어 태교를 받았다.

그런데 갓 태어나 목도 가누지 못하고 눈의 초점도 못 맞추던 시기에, 배 속에 있을 때 자주 읽어줬던 영어 동화책을 읽어주었더니 아이가 놀라운 집중력을 보이며 처음부터 끝까지 호기심 어린 눈으로 보고 들었다. 이후 아이는 영어에 재미와 관심을 보이며 영어 노래와 영어 동화를 좋아했고, 어려서부터 모국어를 배우듯 영어를 자연스럽게 익혔다.

조기 영어교육은 이처럼 중요하다. 단, 여기서 말하는 '교육'이란 '소리 노출'을 의미한다. 교육이라고 하면 종이와 펜으로 하는 문자적인 공부를 떠올릴 수 있지만, 내가 중요하게 생각하는 조기 영어교육은 아이가 어려서부터 영어의 소리에 자주 노출되어 영어라는 언어의 소리 체계를 인지하고 익숙해지도록 환경을 조성하는 걸 의미한다.

구조 언어학자인 노암 촘스키에 따르면 인간의 두뇌에는 특정 언어의 소리에 충분히 노출만 되어도 자연스럽게 그 언어를 습득할 수 있는 '언어 습득 장치'(Language Acquisition Device, LAD)가 선천적으로 내재되어 있는데, 이는 어린아이 시기에만 존재하고 만 12세가 되면 소멸한다고 한다.

따라서 그 이전에 아이에게 영어의 소리를 자꾸 들려줘서 소리 체계에 익숙하게 하면, 모국어를 배우듯 영어도 자연스럽게 습득할 수 있다. 이것이 조기 영어교육, 엄마표 영어교육의 성공 비법이라고 할 수 있다.

말씀교육도 마찬가지다. 유대인들은 신명기 6장의 '쉐마의 말씀'을 따라 마음과 뜻과 힘을 다하여 하나님을 사랑하기를 원하는데, 그 방법이 특별한 게 아니라 가정에서 자녀에게 말씀을 가르치고 신앙을 전수하는 거라고 믿는다. 그래서 유대인 부모들은 말씀교육과 신앙교육을 부모의 가장 중요한 사명으로 여긴다.

이 쉐마의 말씀은 유대인에게만 주신 게 아니라 우리에게도 동일하게 주시는 하나님의 명령이자 계명이다. 부모는 하나님을 사랑하는 방법으로 가정에서 자녀가 어릴 때부터 신앙교육과 말씀교육을 해야 한다. 악한 세상 문화, 미디어, 사상 등 세상 풍조가 자녀의 마음과 생각을 물들이기 전에 참 진리이신 하나님의 말씀을 심어주어야 무수한 유혹 속에서도 진리의 말씀을 붙들고 세상을 이기는 믿음의 자녀로 성장한다.

자녀가 더 커서 사춘기가 오면 자기 생각이 굳어지고 자아가 강해져서 하나님의 말씀을 들으려고 하지 않는다. 그때 가서 아이를 말씀으로, 교회로 이끌려고 해도 부모의 말을 듣지 않을뿐더러 신앙에서 멀리 떠나는 걸 주변에서 종종 본다.

고기도 먹어본 사람이 먹을 줄 아는 것처럼, 말씀교육도 어려서부터 가정에서 말씀을 암송하고 말씀교육을 받으며 자란 아이들이 훨씬 수월하게 받아들인다. 이는 내가 두 자녀를 키우며 피부로 느낀 사실이다.

어려서부터 열심히 암송한 큰아들도 사춘기에 접어드는 초등학교 6학년쯤부터는 말씀 암송을 힘들어하고 거부하는 모습을 보였다. 어릴 때처럼 억지로 시킬 시기는 지났기에 강제할 수는 없었다. 그래도 감사한 것은 어려서부터 말씀 암송을 해 왔기에 마음 판에 수많은 말씀이 새겨져 있고, 금세 또래보다 빠르고 수월하게 암송을 해내는 아이로 자라났다는 점이다.

나는 자녀의 중요한 어린 시기를 놓치지 않고 한글과 영어 말씀을 최선을 다해 암송시켰다. 시간 여유가 있는 주말 아침에는 육의 양식보다 영의 양식을 먼저 먹자고 제안하며, 아이들과 암송한 후에 아침을 먹었다. 또 방학은 암송하기 가장 좋은 절호의 기회였다.

집에 놀러 오는 조카들도 예외가 아니었다. 나는 조카들에게 말했다.

"우리 집은 아침 식사 전에 영의 양식을 먹기 위해 말씀 암송을 먼저 하니까, 너희도 암송해야 한다."

일어나자마자 말씀 암송을 하라고 하니까 조카들은 싫어하는 내색이 역력했다. 한 조카가 말했다.

"전 아침 안 먹어도 되니까 암송도 안 할래요!"

나도 지지 않고 받아쳤다.

"말씀 암송을 안 하면 오늘 컴퓨터 게임도 못 하는 거야."

조카는 얼굴을 잔뜩 찌푸리면서 외쳤다.

"이모네 집, 싫어!"

하지만 말씀교육은 양보할 수 없었다. 아픔을 겪어봤기에, 이 악한 세상이 다음세대를 삼키려고 얼마나 집요하게 유혹하는지 잘 알기에, 인기 있는 이모나 큰엄마는 포기하더라도 말씀의 무기를 장착시키는 일만큼은 포기할 수 없었다.

주의 일에 쓰임 받다

둘째 아이가 5세가 되어 교회 영어성경학교 부서에 보내기 시작할 즈음이었다. 매주 아이를 데려다주었는데 몇 주 후에 부서 담당 권사님이 내게 영어성경학교 부서에서 교사로 섬겨달라고 요청하셨다.

주중엔 학교 강의와 연구로, 주말엔 사모 목장 모임으로 바쁘게 지내던 터라 주일 사역까지 하기에는 부담스러웠다. 더군다나 당시 섬기던 교회는 부목사 사모가 나서서 사역하는 전례가 없었고, 다들 조용히 내조하는 분위기였다. 하지만 아이를 데려다줄 때마다 매주 요청하시는데 단번에 거절하기도 죄송해서, 거절 아닌 거절의 말 "기도해볼게요"를 얼버무리며 아이를 슬쩍 들여보내고 조용히 나오곤 했다.

그런데 어느 주일, 여느 때처럼 아이를 부서에 들여보내고 예배당에서 기도를 하는데 하나님께서 갑자기 마음에 감동으로 말씀하셨다.

'거저 받았으니 거저 드리렴.'

나는 의아했다. 거저 받은 게 무엇인지 골똘히 생각했다. 그런데 주님께서 바로 깨닫게 하셨다.

'맞다. 내가 조기 영어교육 박사가 된 건 다 하나님이 주신 은혜고 선물이지. 내가 잘하거나 잘나서 이 자리에 있는 게 아닌데, 왜 그리 바쁜 척하며 하나님의 일을 거절했을까.'

주의 일에 쓰임 받기 위해 조기 영어교육 박사로 세워진 건데 상황과 여건을 핑계로 거절해서는 안 된다는 생각이 들었다. 나는 그 자리에서 하나님께 대답했다.

'네, 순종하겠습니다. 영어성경학교 부서에서 섬기겠습니다. 모든 상황을 인도해주세요.'

일반 성도와 다르게 사모는(특히 부교역자 사모는) 교회 사역을 할 때 조심스러운 부분이 많다. 나 역시 어려서부터 엄마를 통해 사모는 언제나 담임사모님의 권위와 질서 안에서 움직여야 함을 배웠다. 그래서 하나님의 말씀을 받은 후에 담임사모님에게 영어성경학교 부서에서 섬겨도 될지 여쭈었다. 사모님은 너무도 기쁘게 말씀하셨다.

"전문가인 사모님이 교회를 위해 섬겨준다면 우리 교회가 오히려 감사하지요."

그렇게 모든 허락을 받고 영어성경학교 부서를 섬기기 시작했다. 아이들은 그동안 재미없고 딱딱한 영어 성경 프로그램으로 공부하듯이 영어예배를 드리고 있었다. 내 조기 영어교육의 철학은 '영어는 놀이처럼 재미있게! 영어로 놀자!'인데, 그 프로그램의 교육 방식은 학습 위주였고 지루하기만 했다.

평생 배워야 할 말씀과 영어를 어려서부터 이렇게 재미없게 배우면 있던 흥미와 동기마저 몽땅 잃어버릴 것 같았다. 이런 방식으로 아이들을 가르친다는 게 죄책감마저 들었다. 그래서 고민 끝에 담당 권사님에게 말씀드렸다.

"지금 사용하는 프로그램은 제 교육철학과 너무 달라서 더 이상 섬기지 못할 것 같아요. 죄송합니다."

그러자 권사님이 의외의 제안을 하셨다.

"그럼 사모님의 교육철학에 맞는 프로그램을 만들어서 예배를 드리면 어떨까요?"

당시 남편은 유대인 교육에 관심을 두고 연구하고 있었다. 큰아이가 유해 미디어에 노출되는 사건이 일어난 직후부터는 유대인 자녀교육법인 '하가다, 하브루타, 테필린'을 우리 가정에 적용하여 자녀에게 말씀교육을 강화하던 참이었다.

권사님의 제안을 받은 날 밤, 나는 남편과 마주 앉아 유대인 교육법과 조기 영어교육을 융합해서 아이들이 말씀과 영어를 재미있게 배울 수 있는 새로운 프로그램을 개발하기로 뜻을 모았다. 이 신앙교육과 영어교육의 주체는 부모였다.

그리고 우리가 가정예배로 실천하고 있는 쉐마 교육의 내용을 아이들의 수준에서 쉽게 이해할 수 있는 영어 표현으로 정리해 어린이 영어예배 프로그램을 만들기 시작했다. 프로그램 이름은 '하브루타 잉글리쉬 RTA', 곧 '하잉RTA'로 지었다.

이스라엘아 들으라
우리 하나님 여호와는 오직 유일한 여호와이시니
너는 마음을 다하고 뜻을 다하고 힘을 다하여
네 하나님 여호와를 사랑하라
오늘 내가 네게 명하는 이 말씀을 너는 마음에 새기고
네 자녀에게 부지런히 가르치며
집에 앉았을 때에든지 길을 갈 때에든지
누워있을 때에든지 일어날 때에든지
이 말씀을 강론할 것이며
너는 또 그것을 네 손목에 매어 기호를 삼으며
네 미간에 붙여 표로 삼고 또 네 집 문설주와
바깥 문에 기록할지니라 신 6:4–9

Hear, O Israel:
The LORD our God, the LORD is one.
Love the LORD your God with all your heart

and with all your soul and with all your strength.

These commandments that

I give you today are to be on your hearts.

Impress them on your children.

Talk about them when you sit at home

and when you walk along the road,

when you lie down and when you get up.

Tie them as symbols on your hands

and bind them on your foreheads.

Write them on the doorframes

of your houses and on your gates.

chapter 10

쉐마 신앙교육법:
하가다, 하브루타, 테필린

말씀 먹는 세 가지 방법

하잉RTA 프로그램은 하나님께서 쉐마의 말씀을 통해 가르쳐주신 신앙교육 방법론 세 가지를 핵심 기둥으로 세웠다.

1. **하가다:** 성경을 소리 내어 읽으라 (Read the Bible)
2. **하브루타:** 말씀에 대하여 토론하라 (Talk about the Bible)
3. **테필린:** 말씀을 적용하라 (Apply the Bible)

첫 번째 신앙교육 방법은 '하가다'(Haggadah), 곧 '성경을 소리 내어 읽으라'(Read the Bible)이다. 하나님은 우리 자녀에게 하나님의 말씀을 부지런히 가르치라고 하셨다(신 6:7). 그런데 NIV 영어 성경에는 더 강력한 표현으로 번역되었다.

"Impress them on your children."

'Impress'는 '깊이 감동시키다, 각인시키다'라는 뜻이다. 다시 말해 자녀가 하나님의 말씀에 깊이 감동하도록 그들의 마음에 말씀을 깊이 새기는 걸 의미한다. 곧 자녀가 하나님의 말씀을 꿀처럼 달게 여기도록 하는 것이다.

공동 번역에도 "이것을 너희 자손들에게 거듭거듭 들려주어라"라고 표현된다. 그러니 신명기 6장 7절의 원문의 의미를 살리면 이렇게 해석할 수 있다.

"네 자녀에게 하나님의 말씀을 거듭거듭 들려주어 감동하게 하고 자녀의 가슴 깊이 말씀을 새겨라."

어떻게 자녀의 마음에 말씀을 새길 수 있을까? 바벨론 포로에서 돌아온 다음세대의 신앙교육을 위해 시편 1편은 '여호와의 율법을 주야로 묵상하라'라고 말씀한다. 여기서 "묵상"은 '하가'라는 단어로 우리가 흔히 생각하는 조용한 묵상이 아니라 '소리 내어 읊조리다'라는 뜻이다. 이 방법으로 성경을 읽는 것을 '하가다'라고 하는데 이는 '소리 내어 읊조리다'(하가)의 명사형이다.

그러니 복 있는 사람은 누굴까? 하나님의 말씀을 사랑하여 주야로 소리 내어 읊조리는 사람, 곧 '하가다'를 하는 사람이 하나님이 주시는 형통의 복을 누리는 자다. 가나안 땅 정복을 앞둔 여호수아에게도 하나님께서 무엇을 명령하셨는가?

이 율법책을 네 입에서 떠나지 말게 하며
주야로 그것을 묵상하여 그 안에 기록된 대로 다 지켜 행하라
그리하면 네 길이 평탄하게 될 것이며 네가 형통하리라 수 1:8

Keep this Book of the Law always on your lips;
meditate on it day and night, so that you may be
careful to do everything written in it.
Then you will be prosperous and successful.

탁월한 지도자 모세가 떠나고 가나안 정복 전쟁을 앞둔 여호수아는 두렵고 떨렸을 것이다. 그런 그에게 하나님께서 하가다를 직접 명령하셨다. 하나님의 말씀을 주야로 읊조릴 때 두려움을 이겨내고 승리할 거라고.

다윗의 시편에도 '읊조리다'가 여러 번 등장하는데, 이게 바로 하가다이다. 위대한 왕 다윗의 영성은 말씀을 읊조리는 이 하가다에서 나왔다.

내가 주의 법을 어찌 그리 사랑하는지요
내가 그것을 종일 작은 소리로 읊조리나이다 시 119:97
Oh, how I love your law!
I meditate on it all day long.

주의 말씀을 조용히 읊조리려고
내가 새벽녘에 눈을 떴나이다 시 119:148
My eyes stay open through

the watches of the night,

that I may meditate on your promises.

하나님의 말씀이 내 귀와 마음에 들리면 어떤 역사가 일어날까?

창세기 1장에서 하나님의 말씀이 선포되기 전에 이 세상은 혼돈하고 공허하며 흑암이 깊은 상태였다. 그런데 하나님의 말씀이 선포되자 어떤 역사가 일어났는가? 혼돈과 공허 가운데 질서가 잡히고, 하나님이 보시기에 아름다운 생명이 채워지며, 흑암이 물러가고 빛이 임하는 창조의 역사가 일어났다.

말씀이 선포되면 만물이 '하나님이 보시기에 좋았더라'라고 하신 상태로 변화된다. 그래서 하나님의 말씀이 내 귀에 들리도록 읊조리면 말씀의 창조 능력으로 내 영혼이 새롭게 되고, 생명의 능력으로 삶의 어둠이 떠나가는 역사가 일어난다.

하나님은 이 생명의 말씀을 자녀에게 부지런히 가르치라고 단순히 권면하신 게 아니라 '명령'하셨다. 자녀가 말씀을 소리 내어 읽고 암송하여 마음 판에 새길 때, 진정 하나님이 보시기에 좋은 존재로 성장하기 때문이다. 이 명령에 순종하는 부모야말로 하나님을 마음과 뜻과 힘을 다해 사랑하는 자라고 할 수 있다.

그래서 유대인들은 시간을 정해 모세오경을 매일 하가다

하고, 자녀에게도 소리 내어 읽고 암송하게 함으로써 그 영혼에 하나님의 말씀이 차고 넘치게 한다. 이것은 자녀의 마음 판에 하나님의 말씀을 새기는 거룩한 작업이자, 하나님이 직접 가르쳐주신 탁월한 신앙교육법이다.

성경의 가르침대로 자녀를 양육하면 하나님께서 우리의 자녀를 여호수아와 다윗처럼 키워주실 것이다.

두 번째 신앙교육 방법은 '하브루타'(Havruta), 곧 '말씀에 대하여 토론하라'(Talk about the Bible)이다. 자녀의 마음 판에 새겨진 말씀으로 부모와 자녀가 마주 앉아 말씀에 대해 질문하고 토론하며, 하나님이 무얼 말씀하시는지 그분의 마음을 깊이 들여다보는 시간이 바로 하브루타다.

네 자녀에게 부지런히 가르치며
집에 앉았을 때에든지 길을 갈 때에든지
누워있을 때에든지 일어날 때에든지
이 말씀을 강론할 것이며 신 6:7
Impress them on your children,
Talk about them when you sit at home
and when you walk along the road,
when you lie down and when you get up.

신명기 말씀에서 하나님의 말씀을 '강론'하라는 건 무슨 뜻일까? '강'(講)은 하나님의 말씀을 '가르치는 것'을 의미하고 '론'(論)은 그 말씀을 자녀와 '토론하는 것'을 의미한다.

하나님께서는 자녀와 말씀을 강론하라고 명하셨다. 말씀을 자녀의 마음에 새길 뿐 아니라 자녀와 토론하는 것이 바로 하나님이 직접 가르쳐주신 '하브루타' 신앙교육법이다.

말씀으로 토론하며 자기 생각을 이야기하다 보면 부모와 자녀 사이에 자연스럽게 애착이 형성되고, 신앙이 전수된다. 또 하나님의 말씀이 마음에 오래 남으며, 그 말씀을 어떻게 실천해야 할지 선명한 답이 나온다.

하브루타는 전통적인 주입식 교육법이 아니라 토론식 교육법이다. 이미 교육학에서는 토론식 교육의 효과가 여러 실험을 통해 검증되었고, 유대인이 각 분야에서 놀라운 성과를 거두는 이유가 바로 하브루타 교육의 결과임이 증명되었다.

그래서 현재 일반 교육학이나 사교육 기관에서도 토론식 교육을 선호하여 적극 도입하고 있다. 사교육 일번지인 강남 대치동 학원가를 중심으로 '하브루타 영어, 하브루타 수학, 하브루타 미술 학원'이 등장했고, 심지어 '하브루타 태권도' 학원이 생겨날 정도로 토론식 교육이 선풍적인 인기다.

그러나 하브루타의 본질은 '하나님의 말씀'을 토론하고 질문하고 가르칠 때 사용하는 자녀 신앙교육법이라는 점을 명

심해야 한다. 단순한 토론식 교육이 아니라 '성경'으로 자녀와 함께 토론하며 신앙을 전수하는 게 진정한 하브루타라고 할 수 있다. 유대인 가정에서는 부모와 자녀가 함께 하브루타 시간을 소중히 여기고 여기에 우선순위를 둔다. 하나님을 사랑하는 방법이 바로 이것이기에 자녀와 말씀으로 토론하는 시간을 우선순위에 두는 것이다.

한 방송에서 작가이자 인문학 유튜버인 조승연이 고교 시절에 만난 유대인 절친에 대해 이야기하는 걸 보았다. 그 친구는 집안 대대로 교수를 배출한 유대인 인텔리 가문 출신이었다. 그는 그 어렵다는 미국 하버드대학교 입학 논술 시험 전날에 밤새도록 재즈 클럽에서 놀았는데도 다음 날 시험에서 만점을 받았고, 백악관에 초대되어 상도 받았다고 했다.

조승연은 유대인 친구가 논술 시험을 잘 볼 수밖에 없었던 이유로 하브루타를 꼽았다. 그는 "그 친구가 말하길, '나는 늘 아버지와 밥을 먹으며 토론했는데, 밥상에서 하는 논쟁에 비해 논술 시험의 수준이 낮았다. 또 부모님이 밤에 읽어주던 책들도 다 수준이 높았다'"라며 유대인 친구가 탁월했던 이유를 소개했다.

우리의 가정은 어떠한가? 오늘날 부모와 자녀 사이에 소통이 단절된 가정이 너무 많다. 사춘기 자녀와 부모는 당연하다는 듯이 더 이상 대화하지 않는다. 평소 대화가 없는 가정에서는 수시로 고성이 오간다. 부모가 조금이라도 관심을 보이면 자녀는 귀찮아하고, 무관심 전략을 쓰면 자기를 버렸다고 소리를 지른다. 악순환의 반복이다.

한국 부모와 자녀 사이 대화 시간을 조사한 한 설문 결과가 우리 사회의 현주소를 여실히 보여준다(㈜노벨과 개미, ㈜교수닷컴]. "나는 부모님과의 대화 시간이 충분하다고 생각하나요?"라는 질문에 초중생 응답자 1,085명 중 '충분하다'라고 답한 자녀의 수는 266명(25퍼센트)인 반면, '부족하다'라고 답한 자녀의 수는 488명(45퍼센트)으로 2배에 가까운 차이를 보였다. 게다가 초중생 응답자 1,034명 중 하루 30분도 부모와 대화하지 않는 아이는 51퍼센트로 절반이 넘었다.

또한 한국 아이들이 부모와 함께 보내는 시간은 하루 평균 48분, 그중 아빠와 보내는 시간은 6분으로 OECD 회원 31개국 중 31위, 꼴등에 해당했다. 아이들이 부모와 함께하는 시간이 이렇게 없는데 대화와 신앙 전수와 가치관 교육이 어떻게 가능하겠는가!

다시 말하지만, 하나님은 우리에게 자녀와 하브루타 할 것을 명령하셨다. 이를 통해 자녀에게 신앙을 전수하고 자녀의 마음을 하나님의 말씀으로 충만하게 채우라고 하셨다.

어릴 때부터 생명의 말씀이 영혼에 가득 채워지면 성경적 언어가 자녀 마음에 자리를 잡는다. 언어는 매우 중요하다. 어떤 언어가 마음에 심겼느냐에 따라 인생이 좌우된다. 부모가 자신을 사랑한다는 언어가 저장된 아이는 부모로부터 혼이 나거나 부모에게 실망하는 일이 생겨도 견고하게 심긴 사랑의 언어로 인해 흔들리지 않는다.

욥이 그 끔찍한 고난 속에서도 하나님의 신실하심을 찬양할 수 있었던 이유는 그의 마음속에 '하나님은 선하시다'라는 언어가 새겨져 있었기 때문이다.

우리는 자녀에게 어떤 언어를 심고 있는가? 어떤 삶의 가치와 우선순위를 전수하고 있는가? 하나님을 마음과 뜻과 힘을 다해 사랑하는 자녀로 키우고 싶다면, 자녀와 신앙적 하브루타를 꼭 해야 한다.

마지막 세 번째 신앙교육 방법은 '테필린'(Tefillin), 곧 '말씀을 적용하라'(Apply the Bible)이다. 이는 마음에 새기고 토론하여 깨달은 말씀을 삶에 적용하고 순종하도록 돕는 걸 말한다.

> 너는 또 그것을 네 손목에 매어 기호를 삼으며
> 네 미간에 붙여 표로 삼고 또 네 집 문설주와
> 바깥 문에 기록할지니라 신 6:8,9

Tie them as symbols on your hands
and bind them on your foreheads.
Write them on the doorframes
of your houses and on your gates.

유대인들은 이 말씀을 문자 그대로 받아들여서 '테필린'을 만들었다. 테필린은 양피지에 쓴 성구 두루마리를 넣은 작고 검은 가죽 상자와 이마와 손목에 묶을 수 있는 가죽띠를 말한다. 그래서 '성구함'(phylactery)이라고도 부르는데, 유대인들은 이를 하루 세 번씩 정해진 시간에 머리와 팔에 매고 말씀을 읽고 그 말씀을 붙들고 기도한다.

한번은 이런 일이 있었다. 미국 샌프란시스코 공항에서 비행기를 기다리는데, 옆에 앉아있던 백인 청년이 주섬주섬 가방에서 무언가를 꺼내더니 이마와 팔에 가죽띠를 감고 소리 내어 성경을 읽고 기도하기 시작했다. 바로 테필린 기도 시간이었다. 그는 비행기를 기다리는 중에도 말씀을 읽고 기도하며 테필린을 실천하고 있었다.

그들이 붙들고 기도하는 말씀은 어느 구절일까? 성경에 하나님께서 '네 손목에 매어 기호를 삼고 네 미간에 붙여 표로 삼으라'라고 명령하신, 절대 잊지 말아야 할 테필린 말씀이 네 군데 나온다.

- 출 13:1-10: 구원하신 여호와 하나님의 은혜
- 출 13:11-16: 하나님을 왕으로 섬기는 성별(聖別)
- 신 6:4-9: 하나님 사랑의 방법, 자녀 신앙교육
- 신 11:13-21: 말씀을 사랑하는 자가 받게 될 형통

나를 구원하신 하나님께 감사하고, 그 구원의 은혜 때문에 우선순위를 하나님께 드리며 그분을 왕으로 성별하고, 하나님께서 주신 은혜를 자랑하고 전수하며, 주실 복을 소망하는 삶이 이 테필린 말씀에 담겨있다.

유대인들은 테필린을 유산으로 물려주었고, 포로로 끌려갈 때도 자녀에게 전수했다. 이를 통해 유대 민족이 오늘에까지 신앙을 후대에 고스란히 물려주고, 매일의 삶 속에서 하나님의 뜻에 순종하며 살아낼 수 있었던 거다. 바벨론 땅에서 하루 세 번 기도한 다니엘도 아마 이 테필린 말씀을 붙들고 부르짖었을 것이다.

하나님께서 테필린을 하라고 강조하시는 이유는 하나님의 말씀을 늘 기억해야 한다는 의미도 있지만, 더 중요한 영적 의미가 있다. 바로 이 말씀을 믿고 선포하는 사람은 '하나님의 소유'라는 거다.

한때 노예는 그들의 미간과 손목에 주인의 인두를 맞아 누구의 소유인지를 드러냈다. 이처럼 하나님은 테필린을 통해

당신 자녀의 이마와 손목에 인을 침으로써 이들이 바로 하나님의 소유이며, 거룩한 자녀임을 드러내신다. 또 테필린을 통해 여호와의 깃발을 자녀의 마음에 꽂아 어둠의 권세가 함부로 건드리지 못하게 막으신다.

마귀는 어떻게든 사람을 자신의 소유로 삼고 싶어 한다. 하나님만 우리의 손목과 이마에 기호와 표를 찍으려 하시는 게 아니다. 마귀도 우리의 오른손과 이마에 자신의 도장 '666' 표를 찍으려고 한다.

> 그가 모든 자 곧 작은 자나 큰 자나 부자나 가난한 자나
> 자유인이나 종들에게 그 오른손에나 이마에 표를 받게 하고
> 누구든지 이 표를 가진 자 외에는 매매를 못 하게 하니
> 이 표는 곧 짐승의 이름이나 그 이름의 수라
> 지혜가 여기 있으니 총명한 자는 그 짐승의 수를 세어보라
> 그것은 사람의 수니 그의 수는 육백육십육이니라 계 13:16-18
>
> It also forced all people, great and small,
> rich and poor, free and slave, to receive a mark
> on their right hands or on their foreheads,
> so that they could not buy or sell
> unless they had the mark, which is the name
> of the beast or the number of its name.

This calls for wisdom. Let the person
who has insight calculate the number of the beast,
for it is the number of a man. That number is 666.

마귀의 표를 받은 자는 마귀에게 소유권을 넘겨주게 된다. 부모가 자녀의 마음에 여호와의 깃발을 꽂는 신앙교육을 포기하는 순간, 마귀는 우리 자녀를 자기의 소유물로 삼으려 득달같이 달려들 것이다. 이처럼 신앙교육은 영적 전쟁이다. 부모가 포기하면 세상 가치관과 사상을 가진 이들이 자녀를 교육하고 마귀의 도장을 받도록 끌고 가버릴 것이다.

일제 강점기 마지막 총독이었던 아베 노부유키는 조선을 떠나면서 이런 말을 남겼다.

"일본은 패했지만 그렇다고 조선이 승리한 건 아니다. 장담하건대, 조선이 제정신을 차리고 찬란하고 위대했던 옛 조선의 영광을 되찾으려면 100년보다 훨씬 더 걸릴 것이다. 우리 일본이 조선 국민에게 총과 대포보다 무서운 식민 교육을 심어놓았기 때문이다. 결국 조선인들은 서로 이간질하며, 노예적 삶을 살 것이다. 보라! 실로 조선은 위대했고 찬란했지만, 현재의 조선은 결국 일본 식민 교육의 노예로 전락했다. 그리고 나 아베 노부유키는 다시 돌아올 것이다."

그가 돌아올 거라고 호언장담했던 이유는 교육의 힘을 믿었기 때문이다. 교육이 이렇게 무섭다. 교육을 통해 사상이 바뀌면 사람이 바뀌고, 한 나라가 변하기 때문이다.

그래서 부모는 자녀가 어릴 때부터 하나님나라의 사상과 기독교 가치관을 말씀으로 심어주어야 한다. 유대인처럼 테필린을 갖고 다니며 가죽띠를 두르고 기도하진 못해도, 마음에 새겨진 하나님의 말씀을 시간을 정해놓고 읊조리며 기도함으로 하나님의 은혜를 기억한다면 그 삶이 훨씬 거룩하게 세워지리라 믿는다.

우리 가정은 하나님이 가르쳐주신 세 가지 교육법 '하가다, 하브루타, 테필린'을 통해 자녀에게 신앙을 전수하려 했다. 이 신앙교육법을 매주 영어성경학교에 적용함으로 드디어 '하잉RTA 예배'가 시작되었다.

먼저 우리 가정에서 드린 가정예배를 소개하고, 이를 통해 개발한 하잉RTA 예배를 전격 공개하겠다.

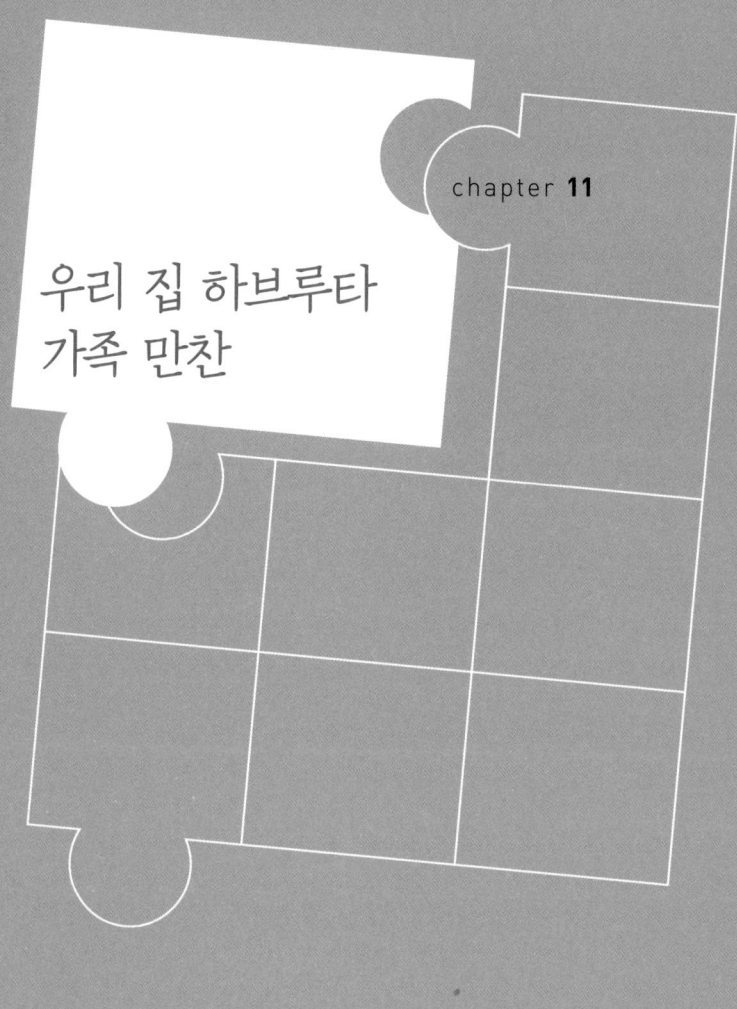

chapter 11

우리 집 하브루타 가족 만찬

놀이를 통한 교육

조기 영어 교육자로서 내 교육철학은 다음과 같다.

"영어는 어려서부터 재미있게 놀면서 자연스럽게 익혀야 한다."

아이는 놀아야 한다. 다양한 영역에서 잘 놀아본 아이가 창의력과 다중지능이 발달하여 건강하고 지혜롭고 행복한 어른으로 자란다. 그렇다면 아이들의 교육은 어때야 할까? 당연히 '재미'가 있어야 한다.

세계적 언어학자인 스티븐 크라센에 의하면 사람은 누구나 '정의적 여과'(affective filter) 장치가 있다고 한다. 이는 제2언어를 습득할 때 개개인에게 있는 감정적 여과 장치로, 정의적 여과가 높으면 낮은 자신감과 높은 불안으로 원활한 언어 습득이 어렵다. 즉 학습자의 정의적 여과가 낮을 때, 언어 입력(input) 내용을 습득하고 자신의 것으로 만들 수 있다.

정의적 여과는 정서적으로 편안하며 안정감이 있을 때 최적의 상태가 된다. 딱딱하고 긴장감이 도는 시험장에서는 아는 것도 생각이 잘 안 나고 당황해서 실수하는 경우가 종종 있는데, 바로 이 정의적 여과가 높아져 있기 때문이다.

특히 어린아이는 정서적으로 민감하고 솔직하기에 영향을 더 많이 받는다. 따라서 어린아이의 교육은 재미있는 놀이 형태로 편안한 학습 분위기를 조성해야 이 여과 장치를 최대한 낮추어 학습 동기를 유발할 수 있다. 나는 이런 교육철학으로 조기 영어교육을 지도하자고 주장하는 교육자다.

이런 '놀이를 통한 교육'은 영어뿐 아니라 신앙교육에도 적용할 수 있다. 그래서 우리 가정은 재미와 소통과 즐거움이 있는 우리 집만의 특징을 담아 예배 형태를 만들어갔다.

가정예배는 정답이 없다. 가족 구성원끼리 충분히 대화하고 소통하며 가정의 특성에 맞춘 '우리 집만의 가정예배 문화'를 만들어가는 게 중요하다. 우리 가정에 자리 잡은 가정예배 문화를 몇 가지 소개한다.

하브루타 가족 만찬

유대인들은 안식일 저녁에 온 가족이 모여 '안식일 가족 만찬'을 통해 대화하고 소통하는 하브루타 시간을 풍성히 가진다. 이에 착안하여 우리 가정도 '하브루타 가족 만찬'을 가지며 가정예배를 시작했다. 먼저 온 가족이 충분한 시간을 두고 함께 식사하며 대화할 수 있는 날을 주일 저녁으로 정했다(이는 사역을 모두 마치고 편안한 마음으로 여유롭게 시간을 보낼 수 있는 황금 같은 시간이다).

하브루타 가족 만찬에서 중요한 건 식사 준비과정이다. 대부분의 한국 가정에선 엄마가 식사 준비를 전담한다. 하지만 유대인 부모들은 자녀가 스스로 할 수 있는 일이면 자녀에게 시킨다. 작은 부분이라도 식사 준비부터 식후 정리까지 함께하게 한다. 이를 통해 가족의 일원으로서 역할을 다하고 가정의 소중함과 감사의 마음을 갖게 하는 것이다.

현대사회는 몹시 바쁘다. 특히 한국 아이들은 학원이며 과외며 해야 할 공부가 너무 많아 더더욱 바쁘다. 그래서 많은 부모가 웬만하면 자녀에게 가사를 시키지 않고, 부모가 다 해주는 '헬리콥터 자녀 양육'을 한다. 하지만 이는 자녀가 사회에 나가 아무것도 스스로 할 줄 모르는 유약한 어른이 되는 결정적 원인으로 작용한다.

미국에서 돌아와 대학 강단에 복귀한 첫 학기 때 만난 몇몇 학생의 모습을 잊을 수가 없다. 한번은 강의 시작 10분 전에 모르는 번호로 전화가 걸려 왔다.

"여보세요, 저 ○○○ 학생 엄마인데요, 아이가 오늘 몸이 좀 안 좋아서 수업에 30분 정도 늦을 것 같습니다. 푹 재우고 밥한 숟가락 먹여 보내느라 좀 늦는 거니까 지각 처리하지 말아 주세요!"

다 큰 성인인 대학생 자녀의 컨디션부터 학교생활까지 여전히 부모가 관리해주다니. 교수에게 양해를 구하는 일조차 스스로 못 하고, 부모에게 대신 전화하게 하는 자녀가 과연 사회에 나가 스스로 뭘 할 수 있을까.

또 다른 황당한 경우가 있었다. 학기 말 학점 평가를 모두 마친 후 학생들이 이의 신청을 하는 기간이었다. 이때 모르는 번호로 전화가 또 걸려 왔다.

"여보세요! ○○○ 과목의 평가 기준이 뭐죠? 애가 뭘 어떻게 했기에 C 학점을 받은 거죠?"

자기가 누구인지와 자녀 이름조차 밝히지 않고 불쑥 전화해서 다짜고짜 학점 평가 기준을 물었다. 정중히 인사하고 물어도 스스로 부족한 자녀를 기른 걸 드러내는 건데, 내가 학생의 이름을 물으니 그 학부모는 혹여 자녀에게 불이익이 갈까 봐, 묻지 말고 평가 기준이나 말하라며 다그쳤다(참고로 평가 기준은 학기 초 학생들에게 모두 설명된 부분이었다).

이런 부모 밑에서 자란 자녀가 사회에 나가면 어떻게 될까. 조금만 힘든 일이 생기면 쉽게 포기하고 부모 뒤에 숨어버리는 아주 유약하고 의존적인 사회인이 되고 만다.

자녀를 보호한다는 명분으로 자녀 스스로 이겨나갈 힘과

기회를 전부 빼앗고, 결국 자립할 수 없는 연약한 상태로 자녀를 세상에 내놓는 부모가 얼마나 많은지 모른다.

자녀가 힘든 일을 겪더라도 문제를 스스로 해결할 힘을 길러주는 게 부모의 바른 태도다. 그게 진정한 사랑이다. 그렇기에 가정에서는 자녀가 어려서부터 작은 집안일을 스스로 해결할 기회를 자꾸 만들어줘야 한다. 자기가 먹은 식기류는 스스로 정리하기, 상을 닦고 식탁에 수저를 놓은 후 상차림 돕기, 자기 빨래는 스스로 개어 서랍에 넣기, 자기 이불은 스스로 개기 등 어린 자녀도 참여할 수 있는 집안일이 많다.

이런 의미에서 우리 가정은 하브루타 가족 만찬을 갖기 전에 다 같이 먹고 싶은 음식을 논의한다. 메뉴가 정해지면 인터넷으로 레시피와 필요한 재료를 조사하기도 한다.

우리 가족은 해산물을 좋아해서 수산 시장을 자주 애용한다. 함께 장을 보며 먹고 싶은 해산물을 직접 고르고 회 뜨는 광경도 구경한다. 돈 안 들이고 사람 냄새 나는 아쿠아리움을 견학할 수 있는 산 교육의 현장이다. 아이들은 그동안 맛있게 먹기만 했던 음식들의 원재료와 조리 과정과 가격을 직접 보고 체험하며 음식의 소중함과 감사함뿐 아니라 경제 개념도 배운다.

집에 돌아와서는 식탁을 차리는 일도 함께 논의하며 준비한다. 어떤 접시에 어떻게 음식을 담고 식탁에 어떻게 배치할지, 더 끓일 음식은 가스레인지를 사용할지, 식탁 위에 버너를 올릴지 등 과정 하나하나를 함께 이야기하며 저녁상을 차린다.

이를 통해 아이들은 식사 예절과 공간 활용법, 요리법 등을 배우고 자신과 타인의 의견을 조율하여 문제를 해결하는 고차원의 사고 능력(higher-order thinking skills)을 기를 수 있다. 또한 가족이 한 팀이 되어 맡은 임무를 함께 논의하고 완성하는 가운데 성취감과 만족감을 맛본다.

하브루타 가족 만찬의 또 다른 특징은 평소보다 격식을 차린다는 점이다. 이날은 아끼는 식기를 꺼내고 식탁 장식에도 신경을 써서 고급 레스토랑에 온 듯한 느낌을 연출한다. 조명도 은은하게 밝히고 예쁜 촛불도 켜서 분위기를 부드럽게 조성한다. 이런 분위기에서 아이들은 자아존중감이 높아지고 상대방을 존중하는 법도 배운다. 또한 마음을 열고 진실한 속마음까지 이야기한다.

대화의 꽃을 피우다

모든 식사 준비가 끝나면 온 가족이 식탁에 둘러앉아 식사 기도를 한다. 주로 아빠가 담당하는데, 자녀를 돌아가며 축복해주고 감사하는 기도를 드린다. 이후 다 같이 맛있게 식사를 즐긴다.

함께 식사를 준비하면서 이미 많은 대화를 통해 마음 문이 열린 상태이기에 자연스럽게 대화의 꽃이 핀다. 이때는 무거운 주제보다 가볍고 일상적인 대화를 나누면 좋다. 자녀에게 한 주간 어떻게 지냈는지, 힘든 일이나 기뻤던 일은 무엇이었는지를 물으며 대화를 이어간다.

성경적 질문과 대답

우리 가정의 하브루타 가족 만찬은 주일 저녁 시간을 활용하므로 특히 그날 들은 설교에 대해 꼭 대화를 나눈다.

이때 부모는 아이들이 교회학교에서 어떤 말씀으로 양육을 받는지와 자녀의 성경적 지식과 신앙 수준이 어느 정도인지를 확인할 수 있다. 또 자녀는 배운 말씀을 삶으로 적용해볼 기회가 되므로 매우 의미 있는 시간이다. 우리 가정은 그날 배운 말씀 중에 궁금한 점이 있으면 성경을 전공한 목사 아빠가 대답을 해준다.

하지만 목회자 가정이 아니어도 자녀의 성경적 질문을 두려워하지 않아도 된다. 하브루타는 부모가 반드시 정답을 알려줄 필요가 없기 때문이다. 자녀의 질문 수준이 부모의 성경적 지식수준보다 높을 때도 많기에, 이런 하브루타 시간을 통해 오히려 부모가 자녀에게 배우기도 한다.

부모라고 모든 걸 알아야 하는 건 아니다. 그럴 필요도 없다. 부모가 모르는 걸 솔직하게 인정하는 모습이, 자녀가 세상을 살며 감당하기 어려운 일을 겪거나 자기보다 탁월한 사람을 만났을 때 자신을 과장하거나 포장하지 않고 상대를 인정하며 겸손히 배우는 자세를 기르게 한다.

자녀의 질문에 대한 답을 모를 땐 당황하지 말고 이렇게 말해주자.

"엄마(아빠)가 그 부분은 생각해보지 못했는데, 우리 ○○가 창의적인 질문을 생각했구나. 그런데 엄마도 답을 잘 모르겠어. 같이 고민하고 답을 찾아보자."

부모가 함께 생각하고 공부하며 답을 찾을 때, 자녀에게는 그 질문이 오래도록 남는 중요한 가르침이 된다.

반대로, 답을 알아도 바로 답을 주지 말고 자녀 스스로 답을 생각하도록, 같은 질문을 자녀에게 역으로 던져보는 것도 좋다. 이를 통해 자녀는 창의적, 비판적 사고를 키울 수 있다. 이때 부모는 아이가 어떤 대답을 하든지 일단 칭찬해주며 대화가 질문의 요지에서 벗어나 엉뚱하게 흘러가지 않도록 계속 이끌어주면 된다.

정확한 정보가 필요한 경우에는 아이와 함께 관련 서적이나 인터넷 검색으로 자료를 찾아봐도 좋다. 이처럼 더욱 확장된 정보 검색의 기회를 통해 아이는 지적 배움에서 맛보는 학습 성취감을 얻을 것이다.

성경에 관한 질문이라면 아이와 성경책을 꺼내 관련 본문을 함께 천천히 읽으며 답을 찾아가도 좋다. 이 과정을 통해 아이는 자신의 질문에 스스로 답을 찾아가는 자기주도 학습을 경험하고, 이런 경험이 쌓여 자기효능감이 높아질 것이다.

아이들과 하브루타 시간을 갖다 보면 미처 생각지 못했던 아이들의 기발하고 창의적인 생각을 통해 부모가 배울 때가 많다. 다음은 우리 아이가 했던 질문이다.

이날 우리는 '하나님의 천지창조'에 대해 대화하고 있었다. 하나님께서 만드신 세상과 창조 순서에 관해 이야기를 나누다가 아이가 물었다.

"왜 하나님께서는 아담과 하와를 가장 마지막에 만드셨을까요?"

그동안 한 번도 생각해본 적이 없는 질문이었다.

"글쎄… 엄마도 잘 모르겠네. 왜 하나님께서 아담과 하와를 가장 마지막에 만드셨을까?"

나는 역으로 두 아이에게 질문했다. 아이들은 기발하고 다양한 상상력으로 이런저런 생각을 이야기했다. 그중 큰아이의 대답이 가슴에 확 꽂혔다.

"하나님이 세상의 어떤 창조물보다 사람을 가장 사랑하셔서 마지막에 만드신 게 아닐까요? 아무것도 없는 세상에 사랑하는 사람을 덩그러니 있게 하면 너무 무섭고 외롭잖아요. 그래서 사람에게 필요한 모든 걸 준비해놓으신 다음에 이것들을 누리며 행복하게 살라고 마지막으로 사람을 짠! 하고 만들어 초대하신 게 아닐까요?"

아들의 창의적이고 사랑스러운 대답에 감동이 되었다. '하나님은 사랑이 많으시고 우리의 필요를 다 알고 풍성히 예비하시는 분'이라는 언어가 아들의 마음에 새겨져 있었기에 이런 멋진 대답을 했다고 믿는다(나는 아들의 질문을 하잉RTA 교재에 넣었다). 나는 아들을 칭찬하며 꼭 안아주었다.

"어머! 시후야! 네 생각이 정말 멋지다. 네 대답을 들으니 하나님이 우릴 얼마나 사랑하시는지가 느껴지네. 이런 멋진 생각을 해낸 우리 아들이 넘 멋져! 엄마 마음이 심쿵한다. 엄마도 감동인데 하나님께서는 훨씬 더 감동하셨을 것 같구나."

아들은 하나님의 말씀을 수동적으로 듣기만 한 게 아니라 능동적으로 질문하고, 그 질문을 다시 생각하며, 하나님의 마음을 스스로 찾아냈다. 이 과정을 교육학에선 메타인지 2 학습법이라고 한다.

---

2 메타인지(metacognition): 자신의 인지 과정에 대해 한 차원 높은 시각에서 관찰, 발견, 통제, 판단하는 정신 작용. '인식에 대한 인식', '생각에 대한 생각', '다른 사람의 의식에 대한 의식'을 생각하는 것을 의미함. 출처: 위키백과.

상대와 질문을 나누며 새로운 발견을 발전시켜 나가는 과정이 하브루타의 큰 매력이다. 부모는 자녀와의 하브루타 시간을 통해 자녀의 새로운 생각과 능력을 발견하고 자극할 수 있다. 또한 자녀를 칭찬하고 격려함으로써 정서적으로 충만하고 행복한 아이로 키울 수 있다.

자녀 역시 맛있는 음식을 먹기 위해 자연스럽게 입을 열고, 마음도 연다. 마음이 열리면 자녀의 머릿속에 잠재한 창의적인 생각이 쏟아져 나온다. 그 무한한 창의성을 끄집어내고 사고력을 키우는 힘이 바로 하브루타 가족 만찬에 있다.

칭찬하기

아이들과 밀도 있고 풍성한 대화를 충분히 나눈 후에 가정예배의 중요한 순서 중 하나인 '칭찬하기' 시간으로 넘어간다. 그날의 시간과 상황에 따라 칭찬의 개수는 3-5개 정도로 유연하게 정한다. 칭찬의 대상도 그때그때 바꿔준다. 오른쪽에 있는 사람, 왼쪽에 있는 사람, 마주 보고 앉은 사람, 자기와 성별이 같은 사람 등 매번 새롭게 제안할 수 있다.

처음 시작하는 사람이 칭찬 대상의 칭찬거리를 그날 정한 개수만큼 칭찬해준다. 이때 '오늘 또는 이번 주 안에 있었던 일들로 칭찬해주기'와 같이 범위를 최근으로 좁히는 게 좋다. 그래야 피부에 와닿는 진짜 칭찬을 할 수 있다.

그리고 '구체적인 사건과 상황'을 명시하며 칭찬해주어야 한다. 예를 들어, "우리 엄마는 친절해서 칭찬해요!"라고 하면 안 된다. 특정한 사건이나 상황에서 어떤 친절함을 보였는지를 구체적으로 칭찬해야 한다. 우리 가정의 하브루타 만찬 시간에 나눴던 칭찬거리를 몇 가지 소개한다.

"오늘 주일 사역으로 바쁘고 힘들었을 텐데, 하브루타 만찬 준비를 위해 함께 기쁘게 식탁을 차리고 높은 선반 위에 있는 버너를 꺼내준 아빠를 칭찬해요!"

"오늘 수산 시장에서 시온이가 오징어를 먹고 싶었는데, 연어를 먹고 싶은 오빠를 위해 연어를 사도록 양보해주었어요. 배려심 깊은 시온이를 칭찬해요!"

"주일 사역으로 바쁜 아침에도 제가 좋아하는 또띠아 피자를 아침 메뉴로 만들어주신 엄마, 감사하고 칭찬해요."

"오늘 장을 많이 봐서 무거웠는데, 엄마 대신 짐도 들어주고 차 문까지 열어주며 엄마의 어려움을 살피고 도와준 자상한 아들을 칭찬해요."

구체적인 일로 칭찬하는 이 시간의 힘은 실로 엄청나다. 생각지 못했던 내 모습까지 섬세하게 포착한 상대의 칭찬을 들을 때 느끼는 위로와 격려와 감사는 마음에 따뜻한 자양분이 된다. 칭찬받는 사람뿐 아니라 칭찬하는 사람도 상대방에게 감사한 순간을 되새기면서 마음에 감동과 감사가 물든다.

우리 가정에선 이 칭찬하기 시간을 하브루타 가족 만찬 때뿐만 아니라 아침 식사나 등교 시간 등에도 수시로 갖는다. 이를 통해 자녀는 풍성한 사랑과 칭찬이 심겨 자존감 높은 아이로 자라난다. 가족과 함께 칭찬하기 시간을 꼭! 가져보길 추천한다. 자녀의 눈빛이 달라지는 걸 확인하게 될 것이다.

마침 기도

칭찬하기 시간이 끝나면 온 가족이 동그랗게 손을 잡고 마지막 기도를 드리며 가족 만찬을 마친다. 시간이 허락하는 날은 각자의 기도 제목을 나누고 서로를 위해 통성으로 기도해준다. 그리고 마침 기도는 부모만 하는 게 아니라 가족 구성원이 한 주씩 돌아가며 맡는다.

이 시간은 자녀에게 기도하는 법을 가르치는 귀한 시간이다. 처음에는 부모가 시작한다. 그러면 자녀는 부모의 기도를 듣고 배우며, 기존의 짧은 문장으로만 기도하던 수준에서 더 깊은 기도로 나아가게 된다.

정리

모든 순서가 끝나면, 그릇을 다 같이 정리한다. 한국은 뒷정리의 책임이 엄마에게 집중된 가정이 많다. 하지만 '가사는 여자의 몫, 바깥일은 남자의 몫'이라는 생각은, 우리 자녀 세대에겐 구시대적인 발상이다.

집안일은 온 가족의 편의와 생활을 위한 공동 업무다. 그러므로 모두가 함께 가꿔나갈 책임과 의무가 있다. 더욱이 여성의 사회 진출이 많아지면서 엄마가 직장생활을 하는 가정도 늘고 있기에 당연히 집안일도 아빠와 자녀가 함께 분담하는 공동의 일로 생각해야 한다(지금은 엄마 혼자서만 가정을 헌신적으로 일군다는 사고가 많이 사라지는 추세다).

이 시대는 기존의 전통적인 가부장적 사고에서 새로운 사고로 전환되는 과도기를 지나고 있다. 가부장적 집안 분위기가 한순간에 바뀌는 게 쉬운 일은 아니지만, 온 가족이 특히, 남편이 함께 집안일 하는 시간을 늘릴 필요가 있다. 한 달에 한두 번으로 시작해서 일주일에 한 번, 그리고 매일의 삶으로 자리 잡을 수 있도록 온 가족이 합의하고 노력해야 한다.

우리 가정도 변화되는 과정에 있다. 여전히 남편과 자녀는 집안일을 자신의 역할로 여기기보다 엄마를 도와주는 일 정도로 생각하지만, 지속적인 하브루타 가족 만찬을 통해 이전보다는 가사 분담과 참여율이 점점 높아지고 있다.

특히 하브루타 가족 만찬 후 아빠가 정리 및 설거지 등을 솔선수범하는 모습을 자녀에게 보여준 것이 이런 분위기를 만들어가는 데 도움을 주었다.

각자가 너무 바빠서 온 가족이 모여 식사 준비를 하기가 어려운 가정도 많다. 음식을 함께 만들면 가장 좋지만, 시간과 여건이 안 되면 배달 음식을 주문해도 괜찮고, 외식을 하거나 맛있는 디저트를 먹으며 하브루타 시간을 가져도 좋다. 모두 모여 편안한 마음으로 여유 있게 대화할 수 있는 구별된 시간과 장소를 만드는 게 가장 중요하다.

chapter **12**

우리 집
하가다 가정예배

말씀을 읽고 묻고 적용하는 시간

하브루타 가족 만찬이 일주일에 한 번 특별한 날에 진행하는 예배라면, 평일에는 간단한 가정예배를 드리길 권한다. 자녀와 가정예배를 드려보면, 어린아이일수록 조용히 앉아 설교만 듣는 예배를 힘들어한다.

물론 아이를 붙잡아 앉혀놓으면 조금씩 집중하는 시간이 길어지긴 하지만, 나는 아이의 눈높이에서 재미있고 즐거운 예배 시간을 만들 방법을 고민했다. 그래서 아이들의 의견을 모아 온 가족이 즐거운 가정예배 형태를 만들어갔다.

찬양과 율동

예배의 시작으로 자녀가 좋아하고 부르고 싶은 찬양을 고르게 한다. 그리고 찬양의 음원을 유튜브에서 찾아 틀고 율동이 있는 찬양은 율동과 함께 신나게 부른다.

하가다: 말씀을 소리 내어 읽고 암송하기

다음으로 그날의 암송 구절을 자녀와 함께 찾아서 소리 내어 읽는다. 한 번 읽고 마는 게 아니라, 10회 이상 반복적으로 소리 내어 읽으며 귀에 들리게 하는 '하가다' 시간을 갖는다.

하가다는 같은 공간에서 함께하지만, 속도를 맞춰 함께 읽는 게 아니다. 저마다 자기 목소리가 자기 귀에 들릴 정도의 크기로, 각자의 속도로 읽으면 된다. 10회 정도 소리 내어 읽으면 아이들은 자연스럽게 말씀을 다 암송한다(조금 길거나 어려운 구절은 하가다 횟수를 늘려서 암송하도록 독려한다).

중요한 건 부모의 솔선수범이다. 자녀에게만 하가다 암송을 시키고 검사하는 게 아니라, 부모도 자녀와 같은 횟수만큼 하가다를 하며 모범을 보여야 한다. 이미 다 외웠어도 자녀의 사기 독려를 위해 같은 횟수로 소리 내어 읽는다.

하가다 게임: 영어 말씀 암송하기

다음은 영어 말씀 암송 시간이다. 아이들은 영어 말씀 암송을 한글로 암송하는 것보다 힘들어하므로 게임 형태로 진행하면 효과적이다.

우리 가정에서 자주 하는 게임은 '하가다 눈치 게임'이다. 먼저 가족 구성원의 수만큼 암송 구절을 덩어리(chunk)별로 나눈다. 우리 가족은 4명이어서 암송 구절을 4파트로 나눈다. 그리고 각 파트를 겹치지 않게 순서대로 큰 소리로 외치되, 마지막 파트를 말하거나 동시에 같은 파트를 겹쳐서 말하는 사람은 지는 게임이다.

예를 들어, 암송 구절이 창세기 3장 6절 하반절(Genesis 3:6b)이면, 말씀을 다음과 같이 4파트로 나눈다.

Eve took of the fruit – 1st part

from the tree and ate – 2nd part

and she gave it also to her husband – 3rd part

and he ate. – 4th part

_하잉RTA 버전

각 파트는 읽을 때의 호흡과 의미별로 나눈다. 가족 구성원이 더 많은 가정은 '아멘'(Amen)을 추가하거나 'Genesis 3:6b'와 같이 장절로 파트를 하나 더 만들 수 있다. 가족 수가 더 적은 가정은 짧은 파트를 하나로 합치는 것도 방법이다. 중요한 건, 가족 수와 말씀을 분절한 파트 수를 같게 맞춰서 게임을 진행하는 것이다.

이 게임의 관건은 가족 간에 누가, 언제, 어떤 파트를 말할지 서로 눈치를 잘 살펴서 겹치지 않게 말씀을 순서대로 외치는 것이다. 또한 모두가 본문을 다 암송하고 있어야 게임을 원활히 진행할 수 있기에 하가다 시간을 충분히 가진 후에 시작하는 게 좋다.

좀 더 역동적인 게임 진행을 위해 모두가 앉아있다가 일어나며 말씀을 외치는 방법도 좋다. 또는 작은 깃발을 만들어 말씀을 외칠 때 깃발을 들어 올리도록 하면 아이들이 더욱 즐겁게 참여할 수 있다.

재미를 더하기 위해, 진 사람에게 작은 벌칙을 정해도 좋다. 우리 가정에서 정한 벌칙으로는 얼굴에 포스트잇이나 색 테이프 붙이기 또는 간단하게 엉덩이로 이름 쓰기, 뽕망치로 엉덩이 때리기, 분무기로 얼굴에 물 뿌리기 등이 있다.

게임에 필요한 준비물은 최대한 집에 있는 재료를 활용하여 따로 준비하지 않아도 진행할 수 있도록 해야 꾸준히 지속할 수 있다. 혹 열정이 넘쳐서 보조 자료 준비에 에너지를 쏟다 보면, 정작 중요한 말씀 암송의 지속성을 잃어버리기 쉽다.

이런 게임의 취지는 어디까지나 어린 자녀에게 성경 말씀과 영어가 즐거운 것이라는 생각과 이미지를 심어주기 위함이다. 어려서부터 가정 안에서 예배와 말씀과 관련한 재미난 경험이 쌓여야, 자녀가 말씀의 달콤함을 스스로 느끼고 깨닫는 날을 맞이할 수 있다.

하브루타: 암송한 말씀으로 묻고 답하기

게임을 통한 영어 말씀 암송이 끝나면, 하브루타 시간을 갖는다. 외운 말씀으로 자녀와 자연스럽게 질문하고 대화하며 말씀의 내용을 이해하고, 말씀 안에 숨겨진 하나님의 마음을 더 깊이 생각하며 자녀가 말씀을 삶에 적용하도록 안내해주는 시간이다.

하브루타 시간은 2파트로 나눌 수 있다. 전반부는 영어 말씀의 문자적인 내용을 이해하는 파트다. 이는 본문의 모르는 어휘나 발음 등 언어적인 내용을 질문식 대화를 통해 아이에게 이해시키는 시간이다. 단, 주입식으로 개별 단어의 뜻을 알려주는 게 아니라 본문의 앞뒤 문맥과 내용을 살펴보며 자녀 스스로 어휘의 뜻을 유추하고 생각해볼 기회를 주어야 한다(context clues).

자녀가 본문 내용을 충분히 이해했으면 후반부로 넘어간다. 바로 말씀 안에 숨겨진 하나님의 뜻과 마음을 생각하며 자녀의 삶에 적용해보는 대화의 시간이다. 이 후반부가 하브루타의 꽃이라고 할 수 있다. 단, 이 시간을 가지려면 전반부의 내용 이해(comprehension) 시간이 충분히 선행되어야 한다.

실제로 유대인들도 하브루타를 하기 전에 본문 주제와 관련한 지식적인 내용을 파악하기 위해서 방대한 양의 관련 서적을 읽고 준비한다. 하브루타는 질문을 통해 배워나가는 시간이므로 주제와 관련하여 아는 정보가 있어야 질문을 만들 수 있기 때문이다. 내용을 파악해야 진정한 질문이 생긴다. 본문을 이해하지도 못하고 아는 것이 없는 상태에선 질문 자체가 나오질 않는다. 그러므로 질문을 만들기 위해 전반부에서 본문 내용을 충분히 파악할 필요가 있다.

다음은 딸과 창세기 3장 6절 말씀으로 하가다를 한 후 하브루타를 진행한 내용이다. 먼저 본문 말씀을 이해하기 위해 대화한 내용을 살펴보자.

이 시간에 부모는 영어 문장과 관련한 동작(손 모양 등)을 사용하여 질문하면 좋다. 자칫 자녀가 영어 공부 시간처럼 느끼지 않도록 내용 이해 외의 문법적인 설명은 지양하도록 한다.

- 전반부

엄마: Eve took of the fruit, 이게 무슨 뜻인 것 같아?

시온: Eve? 하와?

엄마: 맞아! 하와의 영어 이름이 Eve야. 하와, Eve가 took of the fruit?(손으로 열매를 따는 동작을 하면서) took 했다네? took? 뭘 한 걸까?

시온: 땄다고요? 잡았다고요?

엄마: 맞아! 땄대! took!(열매를 따는 손동작) the fruit을. 무엇을 땄다고?

시온: 열매를요!

엄마: 오! 시온이 천재인데? 맞아, 하와가 열매를 땄대. Eve took of the fruit! 어디서 땄다고 했지?

시온: from the tree!

엄마: 맞아! from the tree! Tree! 나무에서 그 열매를 땄대. Eve took of the fruit from the tree. Tree! 이 나무는 어떤 나무였지?

시온: 선악과나무요.

이쯤에서 성경적인 내용으로 대화가 자연스럽게 연결된다. 질문을 통해 아이가 인간의 '최초의 죄(sin)'에 대해 생각해볼 수 있도록 대화를 유도했다.

• 후반부

엄마: 시온아, 선악과는 하나님께서 어떻게 다루라고 하셨는지 기억나니?

시온: 네, 하나님이 이 나무를 만드시고 이건 절대로 먹지 말라고 하셨어요. 그런데 하와가 이걸 먹어버렸네요.

엄마: 그렇네. 왜 하와는 이걸 먹었을까? 하나님이 먹지 말라고 명하셨는데 말이야.

시온: 그건 뱀 때문이에요. 뱀이 하와를 찾아와서 이거 먹으면 하나님처럼 될 거라고 유혹했어요.

엄마: 그랬구나. 시온이가 정확하게 알고 있구나. 그럼 하나님이 하와의 이런 모습을 보시고 어떤 마음이 드셨을까?

시온: 마음이 아프셨을 것 같아요.

엄마: 그렇지. 우리 삶에도 하나님이 보시기에 마음이 아프실 것 같은 행동이나 모습은 없을까?

본문 말씀을 가지고 언어적인 질문에 이어 성경적인 내용의 대화가 자연스럽게 이어졌다.

간단하게 소개했지만, 자녀와 대화하다 보면 부모가 예상치 못했던 깊고 다양하고 창의적인 생각들을 발견하게 된다. 이 시간을 통해 하나님의 마음에 자녀의 생각을 맞춰나가고, 자녀가 삶에 하나님의 말씀을 적용하도록 이끌 수 있다.

자녀 스스로 말씀을 가지고 질문하고, 하나님의 마음을 생각하고, 그것을 자기 삶에 적용하며 하나님의 시선에 맞춰 살아가도록 이끄는 것. 이것이 부모의 자녀 신앙교육이고 올바른 신앙 계승이다. 이 힘이 바로 '하브루타'에 있다.

가족 레크리에이션

가족이 함께하는 시간이 길고, 그 시간이 즐거우면 자녀는 마음을 열고 일상의 고민과 생각을 나눈다. 이런 열린 마음에는 하나님의 말씀이 잘 심기며, 그럴 때 진정한 대화가 시작된다.

그래서 우리 가정은 여유가 생길 때마다 가족과 함께하는 시간과 경험을 많이 쌓으려고 노력한다. 형편이 되는 대로 가족 여행도 떠나고, 영화를 보거나 가까운 공원에서 운동을 하고 박물관, 전시회, 공연 등을 자주 보러 다닌다.

물론 꼭 어딜 가지 않아도 함께 즐거운 시간을 보낼 수 있다. 가정에서 '가족 레크리에이션' 시간을 만들어 자녀가 좋아하는 게임이나 활동을 해도 좋다. 특히 코로나 팬데믹으로 외출이 어려울 때 우리는 집에서 이런 시간을 종종 가졌다.

자녀가 어릴 땐 집안에서 즐길 수 있는 다양한 게임을 했다. 인간 김밥 만들기(이불로 온몸을 돌돌 말기), 베개 싸움, 눈 가리고 술래잡기, 말뚝박기, 돼지싸움(두 사람이 등을 맞대고 앉아 엉덩이로 상대를 밀어내기), 손바닥 씨름, 팔씨름, 레슬링, 숨바꼭질 등 가족 오락관처럼 다채로운 게임을 즐겼다.

아이들이 조금 커서 글을 읽고 쓸 수 있는 시기부턴 다양한 보드게임도 즐기고, 아이들이 직접 게임을 구상하거나 종이에 게임을 만들어 진행하기도 했다.

팀을 나누거나 레크리에이션 종목을 정할 때는 자녀의 의견을 반영하여 대화를 통해 결정했다. 처음엔 부모의 주도로 시작했지만, 차츰 아이들이 돌아가며 레크리에이션 진행자가 되어 종목도 선정하고 순서지도 만드는 명MC들이 되었다.

우리는 가족 레크리에이션 시간을 통해 많은 대화를 나눈다. 또한 가정이라는 가장 기초적인 사회에서 아이들은 누군가와 관계를 맺고 갈등을 지혜롭게 풀며 세상을 살아가는 방법을 배운다.

자녀의 신앙교육에서 가장 중요한 건, 가정에서 자녀와 함께하는 즐거운 대화의 시간을 자주 만들어서 예배로 자연스럽게 연결되도록 믿음의 가정의 분위기를 조성하는 것이다.

일주일 168시간 중에 주일 단 하루, 그중 단 한 시간만 교회학교 예배를 드리는 것으로 자녀의 신앙교육 시간이 충족될까? 절대적으로 부족하다. 나머지 167시간 동안 세상 미디어와 지식과 교육에 노출된 아이에게 과연 하나님 말씀의 기준으로 세상을 살아갈 힘이 얼마나 길러지겠는가.

다음세대가 바른 신앙을 전수받고 믿음의 세대로 세워지려면 '가정'에서 부모에게 신앙교육을 받아야 한다. 이것이 함께 가지 않으면 다음세대를 신앙 안에서 바르게 세울 수 없다.

가정에서 엄마표, 아빠표 신앙교육으로 우리의 자녀를 세상과 구별된 거룩한 세대로 세워가야 한다. 신앙교육은 세상의 그 어떤 교육보다 중요하다. 이것에 목숨을 거는 가정이 더욱 왕성하게 생겨나길 간절히 소망한다.

테필린, 삶에 말씀을 적용하다

얼마 전 우리 가정에 큰 소동이 있었다. 집에서 아이들이 키우던 햄스터(이름은 '박시루', 아이들 이름의 돌림자 '시'에 시루떡처럼 작고 귀엽다고 아이들이 붙여준 이름)가 사라진 것이다.

아이들의 주먹보다도 작은 햄스터를 찾기 위해 온 가족이 집안 곳곳을 샅샅이 뒤졌지만 끝내 찾질 못했다. 아이들이 얼마나 대성통곡을 하던지 거의 초상집 분위기였다. 그래서 그날 밤 가정예배 본문을 특별히 마태복음 7장 7절로 정했다.

구하라 그리하면 너희에게 주실 것이요
찾으라 그리하면 찾아낼 것이요
문을 두드리라 그리하면 너희에게 열릴 것이니 마 7:7
Ask and it will be given to you;
seek and you will find;
knock and the door will be opened to you.

아이들은 눈물로 간절히 말씀을 하가다 했다. 그리고 암송한 말씀을 붙들고 함께 기도했다. 이날은 특별히 공동 기도 제목을 가지고 온 가족이 합심하여 기도를 드렸다.

첫째, 집 나간 시루를 찾아주세요.
둘째, 우리 시온이 오디션을 잘 보게 해주세요.

다음 날, 딸은 유명한 유튜브 채널에서 진행하는 '나는 키즈 스타'의 오디션을 보러 갈 예정이었다. 나는 닭똥 같은 눈물을 흘리며 간절히 기도하는 아이들에게 "하나님께서 우리의 기도에 응답해주실 거야"라며 위로했고, 예배를 마친 후 아이들을 재웠다.

그런데 문득 불안한 마음이 들었다.

'아이들이 말씀을 붙들고 간절히 기도했는데, 시루가 안 나타나면 어떡하지?'

같이 기도한 남편도 "못 찾으면 어떡하지?"라며 인터넷으로 '햄스터 찾는 방법'을 찾기 시작했다. 하지만 검색 결과는 '집 안에서 사라진 햄스터, 며칠 만에 소파 밑에서 싸늘한 시체로 발견' 등 온통 부정적인 이야기뿐이었다.

우리 부부는 다시 한 번 하나님께 간절히 기도드렸다.

"아버지! 주님의 명예가 달려있습니다. 하나님의 말씀을 붙잡고 믿음으로 선포한 아이들이 실망하지 않도록, 이번 일을 통해 아이들이 하나님의 살아계심을 분명히 체험하고 믿음이 굳건히 세워질 수 있도록 꼭 시루를 찾아주세요. 예수님의 이름으로 기도합니다, 아멘!"

정말 간절히 기도하고 잠이 들었다. 새벽 3시쯤 되었을까? 내 허벅지 위로 무언가 기어가는 느낌이 들었다. 잠결에 본능적으로 잡았다. 시루였다. 우리 집 햄스터 박시루! 할렐루야!!

사실 있을 수 없는 일이었다. 우리 부부의 침대는 일반 침대보다 훨씬 높다. 침대 하단엔 약 30센티미터 높이의 매끄러운 나무 서랍이 있고, 그 위로 매트리스 두 개를 쌓아 작은 햄스터가 올라온다는 건 불가능에 가까웠다. 게다가 가족 중 잠귀가 가장 밝은 내 다리 위로 기어올라 왔다는 게 얼마나 감사한 일인가! 도저히 논리로 설명할 수 없는 기적이 일어난 거였다.

아침에 일어난 아이들이 시루를 발견하고 얼마나 기뻐했는지 모른다. 우리는 이구동성으로 외쳤다.

"하나님이 하셨어요!"

기도 외에 다른 것으로는 이런 종류가 나갈 수 없음을 몸소 체험하며 온 가족이 기쁘게 하나님을 찬양했다. 바로 그때 둘째 시온이가 외쳤다.

"구하라! 그리하면 너희에게 주실 것이요. 찾으라! 그리하면 찾아낼 것이요. 문을 두드리라! 그리하면 너희에게 열릴 것이니!! 시루를 찾아주신 하나님이 오늘 내 오디션도 잘할 수 있도록 도와주실 거야!"

나도 "아멘!"을 외쳤다. 아이가 하나님의 말씀을 마음에 새기고는, 믿음으로 말씀을 선포하고 말씀에 의지하여 하나님의 도우심을 구하는 모습이 몹시 감격스러웠다. 하나님의 말씀을 믿음으로 붙들고 구하는 자에게 신실하게 역사하시는 능력의 하나님을 아이들이 직접 체험한 거다.

그날 둘째를 데리고 오디션을 보러 갔다. 하나님은 그곳에서 또 다른 기적을 준비하고 계셨다. 수많은 아이가 지원한 오디션 현장엔 많은 스태프가 준비하고 있었고 긴장감이 감돌았다. 그런데 시온이 담당 촬영 기사님과 인사를 나누는데 낯이 익었다. 나와 평소 친하게 지내던 한 사모님과 얼굴이 너무 비슷했다. 내가 조심스럽게 물었다.

"혹시 ○○ 사모님, 아세요?"

그러자 그가 깜짝 놀라며 대답했다.

"네, ○○ 사모님이 제 친언니예요!"

그 사모님의 자녀들과 우리 아이들은 친한 친구 사이였다. 덕분에 시온이는 친구의 이모가 자기를 담당해주는 촬영 기사님이라는 사실에 긴장을 풀고, 이것저것 부탁까지 하며 편안한 분위기에서 오디션 촬영을 잘 마쳤다. 말씀을 붙잡고 믿음으로 기도한 아이에게 하나님께서 예비하신 선물이었다.

그날 밤, 우리 가족은 함께 모여 하나님께서 행하신 모든 일을 간증하며 감사 기도를 드렸다. 말씀을 가까이하니 하나님께서 세심하게 역사하셔서 아이들의 마음을 만져주셨다. 또 기적 같은 체험을 통해 기도의 능력을 경험케 하시며, 아이들의 믿음과 말씀을 사모하는 마음이 날로 자라게 하셨다.

이 모든 놀라운 일이 바로 가정예배를 통해 일어났다. '하가다' 말씀 암송으로 하나님의 말씀을 자녀의 마음 판에 새기고, 새겨진 말씀을 가지고 마음을 열고 대화하는 '하브루타'를 통해 말씀이 자녀의 삶 속에 살아 움직이고 역동하는 승리의 열매가 맺히기 시작했다. 이런 기적을 우리 자녀뿐 아니라 더 많은 다음세대가 함께 맛보고 체험하기를 소망한다.

chapter **13**

하잉RTA 예배, 이것만 알면 된다!

하잉RTA 영어 성경 프로그램

다음세대를 말씀으로 바로 세우고자 하는 소망으로 우리 가정에서 실천하는 신앙교육법을 영어성경학교에 적용해 나갔다. 어려서부터 자녀에게 지도해야 하는 '성경'과 '영어'라는 두 마리 토끼를 한꺼번에 잡기 위해 성경을 영어라는 도구로 지도하는 하잉RTA 영어 성경 프로그램은 이렇게 만들어졌다.

어른도 잘 이해하기 힘든 성경을 아이에게 쉽고 재미있게, 게다가 영어로 가르치려면 지혜가 필요했다. 남편과 나는 어린 다음세대가 성경과 영어에 동시에 흥미를 느낄 방법들을 기도하며 찾아갔다.

특히 성경을 시대순으로 가르쳐, 성경 전체의 맥을 볼 줄 아는 눈을 길러주고 싶었다. 이를 통해 아이들이 성경의 주제를 이해하고 하나님께서 어떤 목적으로 '나'를 자녀 삼으셨는지, 인생의 근본적인 방향성을 세우도록 돕고 싶었다(특별한 사건이나 절기 중심으로 가르치는 교회학교 설교만으로는 성경의 전체 흐름을 이해하기 어려워 보였다).

오랜 기도와 고민 끝에, 우리는 하잉RTA의 일곱 가지 핵심 가치를 세웠다.

1. **쉐마 교육:** 말씀 암송(하가다)과 토론식 교육(하브루타)을 통해 다음세대를 믿음의 세대로 세워간다.
2. **구속사 중심:** 창조, 타락, 구속, 완성의 구속사의 흐름을 따라 성경의 세계관을 배운다.
3. **은혜와 바른 삶의 조화:** 은혜로 찾아오신 예수 그리스도의 은혜와 그 안에 담긴 사명을 발견하고 주님이 기뻐하시는 삶을 살게 한다.
4. **성화와 사명:** 하나님이 우리를 구원하신 목적을 깨닫고 그분의 형상을 회복해가며 하나님나라의 동역자로 살게 한다.
5. **조기 영어교육:** 바이블 스토리를 통해 기초 영어 의사소통 표현을 익히고, 영어 찬양과 영어 말씀 암송을 통해 영어에 흥미를 느끼게 한다.
6. **엄마표 영어 신앙교육:** 영어 찬양과 영상으로 자녀를 가르침으로써 자연스러운 영어 노출과 함께 자녀와의 건강한 애착이 형성되고 아름다운 신앙의 전수가 일어나게 한다.
7. **가정과 교회의 연합 사역:** 교회와 가정의 연계 학습으로 부모를 신앙교육의 주체로 세우고 믿음의 가정을 이루게 한다.

이 핵심 가치 위에 만들어진 하잉RTA 프로그램의 다섯 가지 예배 구성을 소개한다.

1. Greeting(인사)

- 사전 준비: 예배당 문 앞에 'Greeting Board'(인사판)를 붙인다. 그 위에는 네다섯 가지 인사법(배꼽 인사, 하이파이브, 주먹 인사, 포옹, 악수 등)을 표현한 사진을 붙여둔다.

- 활용법:
  1) 예배 시작 전, 이 인사판 앞에서 아이들을 맞이한다.
  2) 아이가 도착하면 여러 가지 인사법 중 한 가지를 고르게 한다.
  3) 선생님은 아이가 고른 방법으로 아이와 반갑게 인사한 후, 아이에게 영어로 간단한 아침 인사를 건넨다.

  ex. "Good morning, OO! How are you?"

- 효과: 처음엔 교회에 오기 싫어 짜증스러운 얼굴을 하던 아이들이 인사판 앞에서 자신이 원하는 인사법을 골라 선생님과 인사하고 간단한 영어 인사를 나누면, 어느새 짜증은 사라지고 영어예배에 마음이 유연하게 열려 밝은 표정으로 들어와 예배에 참여한다. 작은 부분 같지만, 본인이 선택해서 자발적으로 예배당에 들어와 드리는 예배와 부모가 강제로 앉혀놓고 드리게 하는 예배, 이 둘을 대하는 아이들의 태도는 천지 차이다.

Greeting Board를 만들게 된 배경이 있다. 당시 부서의 아이들은 6,7세가 많았다. 그러다 보니, 둘째 딸 시온이처럼 부모와 떨어져 예배당 안으로 들어오는 걸 힘들어했다. 게다가 익숙하지도 않은 영어를 '배워야' 한다는 생각에 아이들은 더 얼어붙었다.

엄마와 떨어지기 싫어 우는 아이, 부모가 등 떠밀어 억지로 들어온 아이가 대다수였고, 자발적으로 와서 예배를 시작하는 모습은 찾아보기 힘들었다. 타의에 의해 드리는 예배에는 자발적 동기부여가 잘 생기지 않는다. 그러니 아이들에게 예배는 점점 재미없고, 교회는 가기 싫은 곳이 되고, 영어성경학교 부서는 부흥하지 못했다.

물론 어릴수록 자발적 동기로 예배에 임하는 아이는 드물다. 그러나 최소한 아이가 스스로 예배에 선택권과 책임감을 느끼고 임하도록 환경을 만들어주고 싶었다.

2. P.E.(Physical Exercise, 신체 게임)

아이들이 예배당에 들어오면 그날의 본문 말씀을 몸으로 배우는 신나는 신체 게임을 한다.

- 목표:
    1) 아이의 영어에 대한 불편함과 거부감을 줄이고, 영어와 예배에

재미와 흥미를 유발하기 → 온몸을 움직이고 신나게 뛰어놀 수 있는 역동적인 게임으로 구성

2) '하나님의 말씀'과 '영어 의사소통 능력'을 동시에 체득시키기 → 영어 목표 문장(Target Sentence, 본문 주제 관련 핵심 문장)을 게임을 통해 자연스럽고 부담 없이 많이 듣게 하여 자발적으로 말하게 하기(speak out)

• 예시:

1) 예배 주제 및 본문 말씀: 천지창조(창 1:3)

2) 말씀 내용: 하나님이 태초에 천지를 창조하셨을 때 "빛이 있으라!"(Let there be light!) 말씀하시니 혼돈과 공허와 흑암이 물러가고, 하나님이 보시기에 좋은 빛이 창조되었다.

3) 영어 목표 문장: Let there be light!

4) 게임 목표: 하나님께서 "빛이 있으라!" 말씀하시니 흑암이 물러가고 빛이 생긴 창조의 역사를 몸으로 배우고, 영어 표현을 귀와 입으로 익히기

5) 유사한 게임: 얼음땡

6) 게임 규칙:

− 교사나 아이 중 술래를 1명 정한다.

− 나머지 친구들은 술래를 피해 도망 다니는데, 술래에게 잡힐 것 같으면 "Freeze"(얼음)를 외친다. 그러면 안대를 쓰고 깜깜한 흑암의 상태로 서있어야 한다.

- 누군가가 와서 "Let there be light"(빛이 있으라)라고 외치며 몸을 쳐주면 흑암 상태에서 풀려난다.

7) 효과: 아이들은 게임을 하면서 다소 발음하기 어려운 영어 문장(Let there be light)을 교사와 또래 친구들이 말하는 소리로 여러 번 듣게 되고, 술래에게 잡히지 않기 위해 또는 흑암 상태인 친구를 돕기 위해 자발적으로 발화하게 된다. 그러면서 영어 문장을 자연스럽게 소리 내어 말할 수 있게 된다.

또한 말씀 하나로 천지를 창조하신 전능하신 하나님을 경험하며, 하나님의 말씀이 선포된 곳엔 어둠이 물러가고 빛이 임해 살리는 역사가 일어난다는 걸 몸소 느끼고 배운다.

몸으로 뛰노는 P. E. 활동을 생각한 이유는 다음과 같다. 아이들은 일주일 내내 유치원이나 학원에서 "조용히 해! 가만히 앉아있어!"라는 소리를 듣고 산다. 아파트나 연립에 거주하는 도시의 아이들은 층간소음 때문에 집안에서 맘껏 뛰놀지도 못한다. 나조차도 우리 아이들이 어릴 때 아랫집에 피해를 주지 않으려고 "뛰지 마! 조용히 걸어!" 등의 잔소리를 했던 터라 미안한 마음이 컸다.

그래서 아이들이 교회에서까지 조용히 앉아서 예배를 수동적으로 듣기만 하게 하고 싶지 않았다. 하나님을 찬양함이 너무 기뻐 맘껏 춤추며 예배했던 다윗처럼 열정적인 예배의 부흥이 어린 다음세대의 예배에 회복되길 바랐고, 아이들이 온몸을 던져 신나게 뛰며 예배할 기회를 주고 싶었다.

역시나 아이들은 이 시간을 하잉RTA 예배 중에 가장 좋아한다. 말씀과 영어를 문자로만 배우는 게 아니라 몸으로 직접 이해하고 습득하는, 살아있는 말씀교육과 영어교육 시간이기 때문이다.

감사하게도, 매주 다양한 게임 활동을 짜는 건 그다지 어렵지 않았다. 대학원생 때 외주 연구원으로 유치원 영어 교재의 교수 자료 매뉴얼 연구를 했던 다년간의 경험이 밑거름이 된 덕분이었다. 그때는 새로운 게임 아이디어를 내는 일이 버거워 원형 탈모가 올 정도였는데, 그 시간을 통해 하잉RTA 교육과정을 술술 만들 수 있었다. 하나님의 훈련에는 결코 의미 없는 시간이 없음을 깨닫는다.

게임 아이디어가 고갈될 때는 동역자로 붙여주신 영어성경학교 교사들과 교사 회의를 통해 아이디어를 함께 나누고 논의하며, 예배 내용에 적합한 재미난 활동을 만들었다(다음세대를 말씀으로 세우는 비전을 함께 품고 동역해준 치유하는교회 하잉RTA 선생님들에게 감사를 전한다).

3. 하가다

아이들이 신나는 게임으로 본문 말씀을 온몸으로 익히며

마음의 문을 열면, 본격적으로 하나님의 말씀을 소리 내어 읽고 암송하는 하가다 시간을 갖는다.

• **찬양을 통한, 영어 말씀 암송**

아이가 어릴 때는 부모가 하라는 대로 순종하며 말씀을 암송한다. 하지만 말씀만 가지고 암송하다 보면 어려운 단어나 이해하기 힘든 내용이 나올 때 힘들어하며 꾀를 부린다. 그런 자녀를 다독이며 꾸준히 말씀 암송을 시키는 일은 정말 쉽지 않다. 집에서야 부모가 타이르면서 억지로 암송을 시킬 수 있지만, 교회에서 교사들이 그렇게 하기란 더더욱 어렵다.

그래서 아이들이 말씀 암송을 쉽고 재미있게 할 방법으로 노래와 찬양을 생각했다(주님이 주신 지혜다). 말씀을 암송하려면 여러 번 소리 내어 '하가다' 하는 것이 좋은데, 이 반복 작업을 즐겁게 할 방법으로 노래(찬양)만 한 게 없다.

노래는 가사에 구절(phrase)이 반복되며, 이 반복을 음정과 선율에 맞춰 재미있게 발화할 수 있다. 게다가 노래가 가진 운율적인 선율이 영어의 음운과 잘 맞아떨어지므로 노래는 영어 교육을 위한 효과적인 학습 도구다. 노래가 가진 감성적인 특성과 즐거움 역시 아이들의 영어교육에 아주 좋다. 그래서 암송할 영어 말씀으로 노래를 만들었다.

• 하가다의 능력을 경험한, 작곡 과정

개척교회 목회자 자녀들은 '준 목회자'라고 해도 과언이 아닐 만큼 예배의 반주부터 시작해 교회의 이곳저곳을 섬기며 자란다. 나의 경우는 어려서부터 가정 형편이 좋지 않았기에 피아노 학원을 제대로 다닌 적은 없지만, 한때 교회 집사님이 운영하시던 학원에 '목회자 자녀 할인'으로 저렴하게 다니면서 체르니 100번에 입문했다. 그 후 초등학생 때 코드 반주법을 독학으로 익혔고, 코드가 있는 찬양 악보들을 혼자 연습하며 아버지의 개척교회에서 반주를 시작했다.

나는 음악을 좋아해서 찬양 율동 팀과 찬양 팀 리더, 예배 반주자로 찬양의 자리를 늘 섬겼다. 그래서인지 작곡의 '작' 자도 몰랐지만, 아이들의 찬양곡을 만들기 위해 영어 암송 구절을 정리하고 말씀으로 된 가사에 수십 수백 번씩 곡조를 붙여가며 노래를 만들 수 있었다.

예를 들어, 창세기 1장 1절을 영어 노래로 만들기 위해 'In the beginning'의 끝을 올리거나 내려보고, 'In! the beginning'처럼 앞부분을 올려서 불러보거나 'In! the! beginning!'과 같이 단어별로 챈트(chant)처럼 끊어서 불러보는 등 같은 구문에 다양한 곡조와 박자, 음정을 붙여보기를 수없이 했다.

신기하게도 이런 반복 작업을 통해 구절마다 예쁜 곡조와 어울리는 음이 떠올랐고, 그것을 악보에 적어 피아노를 치며 곡을 완성해갔다.

시간과 장소를 가리지 않고, 틈만 나면 말씀을 소리 내어 하가다 하면서 떠오르는 곡조를 휴대폰에 녹음했다. 골목길이나 혼자 운전하는 차 안에서도 영감을 받았다. 집에 돌아오면, 녹음 파일을 듣고 피아노를 쳐보며 적합한 멜로디와 코드를 붙여 찬양곡을 만들었다.

작곡의 과정은 하가다의 힘과 영향력을 몸소 체험하는 시간이었다. 하나님의 말씀을 소리 내어 반복하고 암송하는 가운데 그 뜻을 깊이 묵상했고, 그 은혜에 푹 잠겼다.

내가 수많은 하잉RTA 찬양곡들을 작곡할 수 있었던 건 하가다를 통해 말씀이 늘 마음에 머물러 있었고, 말씀의 창조적 능력이 지혜와 영감을 불어넣어 주었기 때문이다. 이것이 바로 하가다의 능력이다.

• 다양한 악기를 가미한, 음원 제작

새롭게 작곡한 찬양곡으로 하잉RTA 예배를 드리는 첫날이었다. 나는 피아노 반주를 하며 아이들에게 찬양을 알려주고 같이 불렀다. 그런데 뭔가 아쉬웠다. 좀 더 다양한 악기와 박자감 있는 연주로 신나게 춤추며 하나님을 찬양하고 싶었다. 그래서 더욱 완성도 높은 찬양 음원을 만들기로 했다.

감사하게도, 개인 녹음실을 가지고 있는 집사님의 도움을 받아 혼자서 다양하게 목소리를 변조하여 노래를 녹음했다. '믹싱'이나 '마스터링' 등의 전문 음악 기술이 들어가진 않았지만, 아이들과 예배할 때 사용하기엔 충분했다.

이렇게 탄생한 첫 찬양 음원이 〈In the Beginning〉이다. 유치부 아이들은 다양한 악기의 소리가 담긴 음원을 들으며 하나님의 말씀을 온몸으로 익혔고, 신나게 춤추며 찬양했다.

첫 음원을 틀고 예배하던 날의 감동을 잊을 수가 없다. 내게 주신 작은 달란트를 하나님을 예배하는 일에 써주셔서 감사했고, 내가 만든 찬양에 어린 다음세대가 기뻐 뛰며 찬양하는 모습이 큰 감동이었다.

• **짧지만 알찬, 하잉RTA 찬양의 힘**

하잉RTA 찬양은 아이들이 부르는 것이므로 전체 길이가 1,2분을 넘기지 않는다. 그런데 이 짧은 곡 안에 암송 구절이 최소 네다섯 번 반복되기에 찬양 한 곡을 부르면 하나님의 말씀을 네다섯 번 하가다 하는 효과가 난다.

게다가 억지로 시키지 않아도, 노래를 부르며 자연스럽게 말씀을 반복적으로 소리 내어 말하게 된다. 몇 번 부르다 보면 가사에 익숙해지고, 몇 번만 곡조 없이 반복해서 하가다 하면 아이들이 말씀을 줄줄 암송하게 된다.

• 그분의 예비하심, 여호와 이레

나는 26세에 대학 강단에서 첫 강의를 시작한 해부터 지금까지 17년간 '노래와 챈트를 활용한 어린이 영어교육' 과목을 강의하고 있다. 오랜 시간 동안 노래와 챈트를 활용하여 어린아이에게 영어를 지도하는 효과적인 방법들을 강의하게 하신 것이 지금을 위해 준비시키신 하나님의 계획하심임을 깨닫는다.

하나님은 나를 향한 큰 그림을 태초부터 그려놓으셨다. 내가 가늠조차 할 수 없는 그분의 시간과 계획 속에서 하나님은 그 밑그림의 퍼즐 조각들을 맞춰나가고 계신다.

하잉RTA 사역을 하면서 하나님의 섭리를 느끼는 순간들이 참 많았다. 퍼즐의 조각조각이 딱 맞아떨어질 때 이루 말할 수 없는 기쁨과 희열과 감격에 온몸이 전율했다. 정말 은혜였다.

'아! 하나님께서 이 일을 위해 그때 그 일을 예비하시고 나를 준비시키셨구나!'

20대 중반부터 맡겨진 수많은 업무와 학업으로 원형 탈모까지 감내하며 치열하게 살아온 시간이 다음세대를 말씀으로 세우기 위한 훈련의 시간이었음을 당시는 알지 못했다. 하지만 주어진 일과 상황에 최선을 다했던 성실과 끈기가 모여 지금의 하잉RTA 프로그램을 만들 재료가 되었다.

앞으로의 삶을 하나님께서 어떻게 인도하실지 알 수 없다.

다만 'Here and Now'의 정신으로 부르신 자리에서 최선을 다할 뿐이다. 그럴 때 오늘과 내일을 예비하시는 '여호와 이레'의 은혜가 함께하실 줄 믿는다.

4. 하브루타

하가다 시간이 끝나면, 성경 말씀 속 하나님의 마음을 깊이 생각하는 하브루타 시간을 갖는다.

원래 하브루타는 일대일로 짝을 지어 스스로 본문 말씀과 관련한 질문을 만들고, 짝과 토론하며 답을 찾아가는 활동이다. 하지만 스스로 질문을 만드는 작업은 많은 훈련이 필요해서 이를 어려워하는 아이들이 많다. 그러니 우선은 교사가 아이들의 수준에서 생각할 거리를 질문하고, 아이들 스스로 말씀에서 답을 찾게 한다. 이는 기초적인 하브루타 입문 과정으로서 말씀을 잘 관찰하도록 돕는 훈련이다.

교사와 아이가 일대일 매칭이 될 만큼 교사의 수가 많지 않을 경우, 교사 1명당 소수의 아이가 그룹을 이루어 하브루타를 진행한다. 가정에서는 부모와 자녀가 (비교적) 일대일로 매칭되므로 이상적인 하브루타를 진행할 수 있다.

이때 교사나 부모가 사전에 그 주의 질문들을 충분히 고민하고 씨름하는 시간을 가져야 아이들과도 깊이 있는 하브루타가 이루어진다.

또한 성경 내용만으로 해결되지 않는 질문들도 있기에 미리 '교사교육' 시간을 마련하여, 교사들끼리 질문을 공유하며 하브루타를 해보면 좋다. 그 시간에 담당 교역자나 목회자의 도움을 받아 신학적 배경과 해석을 배우는 것도 큰 도움이 된다. 남편이 이 부분을 정리해주어 '교사 매뉴얼' 교육 자료를 만들었다.

• 목표

아이들이 하나님의 뜻을 스스로 고민하고 생각해봄으로써 '나'에게 말씀하시는 하나님의 음성을 찾고 깨닫도록 돕는다. 또한 하나님의 말씀으로 토론하고 자신의 생각을 이야기하면서 말씀을 마음에 새기고, 삶의 구체적인 적용점을 발견하게 한다(교사나 교역자가 정답이나 교훈을 일방적으로 알려주고 아이들은 듣기만 하는 수동적이고 틀에 박힌 교육법을 지양한다).

• 하브루타 네 가지 질문 유형

하브루타 질문은 '사실 질문, 상상(해석) 질문, 적용 질문, 종합 질문'의 네 가지 유형으로 크게 나뉜다. 단계별 질문을 통해 본문 말씀의 의미를 더 깊이 생각하고 접근하도록 한다.

하잉RTA 교재에 수록된 예시로 각 질문에 관해 알아보자.

1) 사실 질문

본문 말씀 '안'에서 답을 명확히 찾을 수 있는 유형의 질문.

ex. 하나님은 온 세상을 어떻게 창조하셨나요?

How did God make all of the world?

- 창세기 1장을 보면 "하나님이 이르시되"(God said)라는 구절이 반복적으로 나오면서, 하나님께서 '말씀'하시니 온 세상이 창조되었다고 정확하게 명시된다. 그러니 본문 말씀 안에서 답을 찾을 수 있는 '사실 질문'에 해당한다.
- 질문의 효과: 아이가 질문의 답을 찾기 위해 성경 본문을 여러 번 읽게 하는 효과가 있다. 이를 통해 아이는 주의 깊은 관찰력을 키우고 말씀에서 그동안 몰랐던 사실을 발견할 기회를 얻게 된다. 또한 성경을 새로운 관점으로 보는 눈이 길러지고 본문 안으로 깊이 들어갈 수 있게 된다.

2) 상상(해석) 질문

본문에 답이 나와있지는 않지만, 아이들의 창의력과 상상력을 활용하여 대답할 수 있는 유형의 질문.

ex. 하나님이 만드신 에덴동산은 어떤 모습이었을까요?

What did the Garden of Eden look like?

- 본문이 에덴동산의 모습을 구체적으로 묘사하진 않기에 정답이 없는 질문이다. 따라서 아이들이 상상력과 창의력을 충분히

발휘해 자유롭게 자기 생각을 표현할 수 있는 '상상 질문'에 해당한다.

- 질문의 효과: 아이는 창의력과 상상력을 키우며 표면적으로 느끼던 하나님의 말씀을 입체적으로 경험할 수 있다. 더불어 본문 내용이 어떤 의미인지 정확히 해석하는 힘을 기를 수 있다. 아이의 창의적인 나눔을 통해 깊이 있는 대화로 들어갈 수 있고, 추가적인 자료를 찾아보고자 하는 자발적인 배움의 기회를 얻어 성경 지식의 지평을 넓힐 수 있다.

3) 적용 질문

하브루타를 통해 더 깊이 알게 된 하나님의 마음을 머리와 가슴에만 남겨두는 게 아니라 말씀이 삶 속에 살아 움직이게끔 적용하도록 돕는 질문.

ex. 하나님이 만드신 에덴동산과 지금 우리가 사는 세상의 모습을 비교해볼까요? 내 삶이 에덴동산처럼 바뀌려면 어떤 노력을 해야 할까요?

Let's compare the Garden of Eden, which God created, and the world we live in today. What efforts do I need to make for my life to become like the Garden of Eden?

- 하나님께서는 태초에 만드신 에덴동산의 모습이 오늘날 우리가 살아가는 이 땅 가운데 회복되길 원하신다. 아버지의 소원을

이뤄가는 게 우리의 사명이다. 그러므로 에덴의 모습과 내 삶의 모습을 비교해보고, 내 삶에 에덴이 회복되기 위해 실천할 것이 무엇인지 생각하게 하는 '적용 질문'에 해당한다.
- 질문의 효과: 아이는 하나님의 말씀을 머리로만 아는 데 그치지 않고 삶에 적용할 수 있다. 이를 통해 삶에서 살아있는 말씀의 능력을 체험할 기회를 얻는다.

4) 종합 질문

앞서 세 가지 질문을 통해 배운 내용을 종합 정리하는 질문 유형. 하잉RTA 교재에는 이 질문 유형을 아이의 눈높이에 맞춰 간단한 마무리 기도문으로 제공함.

ex. 아름다운 세상과 저를 만들어주신 하나님, 감사합니다. 하나님께서 태초에 창조하신 에덴의 모습을 우리가 사는 세상에 회복할 수 있도록 도와주세요.

Thank you God for creating this beautiful Earth and me! Please help us to restore the image of the Garden of Eden, which God created in the beginning, in the world we live in. (영문은 아이가 이해할 수 있을 만큼만 적용한다.)

- 질문의 효과: 아이가 말씀에서 배운 내용을 기도문으로 정리할 기회를 얻는다. 그리고 하나님께 기도함으로써 아이는 말씀을 붙들고 살아가는 영적인 양식을 맛볼 수 있다.

5. 아트(Art)

마지막으로 하브루타를 통해 말씀에서 깨달은 점을 다양한 활동으로 풀어내는 아트 시간을 갖는다. 눈에 보이지 않는 인지 활동, 곧 배운 말씀을 시각적으로 정리하며 명료화하는 재미난 활동 시간이다.

글을 쓸 줄 아는 학령기 아이들은 느낀 점이나 다짐, 적용점 등을 글로 정리하면 되지만, 글을 못 쓰는 아이들은 아트 활동으로 배운 내용을 정리한다.

이때 만든 결과물은 가정으로 가져가서 집안의 보이는 곳에 붙여놓고, 한 주간 배운 말씀을 기억하고 삶에 적용하게 한다. 이는 유대인의 테필린 실천에 해당하는 활동이다.

아트 시간을 통해 배운 말씀을 삶으로 적용하는 테필린의 효과뿐 아니라 그림 그리기, 물감 활동, 종이접기, 만들기 등 다양한 활동을 매주 다르게 구성하여 유아기 아이들의 인지, 정서 발달에도 도움을 주려 했다. 또한 딱딱하고 어렵게 느껴질 수 있는 예배 시간을 풍성하고 다채롭게 만들어준다.

다음은 하잉RTA 교재에 수록된 아트 활동 예시다.

• 에덴동산 그리기(Draw the Garden of Eden)

하브루타 시간에 상상해본 에덴동산의 모습을 직접 그려본다. 그리고 에덴동산 그림을 방에 붙여놓은 후 내 삶에 하나님께서 원하시는 에덴의 모습을 회복하기 위해 실천할 일을 생각해보고, 한 주간 행동으로 옮겨본다.

• 손바닥 액자 만들기(Paint and print your hand)

하나님이 만드신 나의 예쁜 손바닥에 물감을 칠해 교재에 제공된 액자 모양 가운데 빈 공간에 찍는다. 그리고 액자 테두리를 따라 종이를 자르고 고리를 걸어 나만의 손바닥 액자를 만든다. 내 손바닥이 찍힌 액자를 집에 걸어놓고, 그걸 볼 때마다 나를 창조하신 사랑의 하나님을 기억하고 감사하는 마음을 갖는다. 짧게 감사 기도를 드려도 좋다.

이 외에도 아이들이 일상에서 말씀 암송을 실천하게 하기 위한 다양한 방법을 하잉RTA 프로그램에 담았다.

• 암송 배지 달아주기

말씀을 암송해온 아이에게 예쁘게 제작한 하잉RTA 암송 배지를 달아주고 칭찬해주는 것도 암송을 독려하고 지속시키는 좋은 방법이다. 아이가 암송을 많이 할수록 가슴에 배지가 많이 달려, 마음 판에 새겨지는 말씀의 능력을 가시적으로 보게 하는 효과가 있다.

• 하가다 말씀 팔찌

삶에서 하가다를 실천하는 장치로 하가다 말씀 팔찌가 있다. 테필린의 가죽띠를 모티브로 삼아 예쁜 가죽 팔찌를 만들어 "God first! 하잉RTA"라는 문구를 새겼다.

부모는 아이가 아침에 일어나면 팔찌를 왼쪽 팔목에 끼워 준다. 그리고 팔찌를 볼 때마다 하나님의 말씀을 생각하며 이번 주 암송 말씀을 소리 내어 하가다 하도록 지도한다. 이때 하가다 목표 횟수를 세워, 정한 횟수를 달성하면 왼손에 낀 팔찌를 오른손에 옮겨 끼우게 한다. 이는 매일 하가다를 실천하도록 돕는 좋은 방법이다.

성경에서 오른쪽은 '주권, 능력, 힘'을 상징한다. 팔찌를 오른손에 옮겨 끼우는 건 하나님을 오른편에 모시는 걸 의미한다. 자녀가 주의 말씀을 가까이함으로써 하나님을 주권자로 모시고 살아가도록 훈련하는 거다. 하나님께서 그분의 말씀을 의지하는 우리 자녀들을 하나님나라의 귀한 용사로 키워주실 것이다.

내가 여호와를 항상 내 앞에 모심이여
그가 나의 오른쪽에 계시므로
내가 흔들리지 아니하리로다 …
주께서 생명의 길을 내게 보이시리니

주의 앞에는 충만한 기쁨이 있고

주의 오른쪽에는 영원한 즐거움이 있나이다 시 16:8,11

I keep my eyes always on the LORD.

With him at my right hand,

I will not be shaken. …

You make known to me the path of life;

you will fill me with joy in your presence,

with eternal pleasures at your right hand.

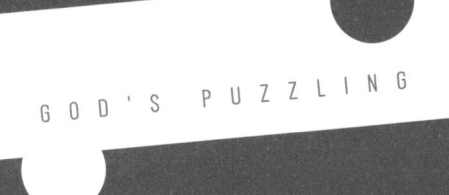

3
PART

지지와 격려를 부어주신 하나님

chapter **14**

합력하여
선을 이루시는
하나님

그림을 그리다

어린 다음세대 콘텐츠에는 시청각 자료가 많이 필요하다. 더욱이 하잉RTA 예배에서는 영어 말씀을 암송하다 보니 말씀의 뜻을 아이들에게 쉽게 이해시키기 위한 그림 자료와 성경 본문을 재미있게 소개하고 원어민의 발음을 들려줄 수 있는 영상 자료도 필요했다.

그래서 처음엔 말씀 안에서 설명해줘야 하는 단어에 적합한 그림 자료를 인터넷으로 찾아보았고, 적합한 영어 성경 애니메이션 영상을 유튜브에서 찾아가며 예배를 드렸다. 하지만 매주 예배 내용에 딱 맞는 그림과 영상 자료를 찾는 건 쉬운 일이 아니었다. 시간을 들여서라도 자료를 찾으면 다행이지만, 아무리 뒤져도 예배 주제와 딱 맞는 자료를 찾기란 어려웠다.

어떤 영상은 주제와 내용에 안 맞는 부분이 많았고, 어떤 영상은 영어 수준이 너무 어렵거나 그림과 색채가 어린아이에게 맞지 않았다. 적합한 영상과 자료를 찾는 일에 시간과 에너지를 많이 쓰다 보니 매주 예배 자료를 찾고 준비하는 과정이 버겁게 느껴졌다.

그러던 어느 주일, 영어성경학교 부서에서 교사로 섬기시던 차진숙 권사님과 잠시 대화할 기회가 있었다. 나는 무심코 넋두리하듯 힘든 마음을 털어놓았다.

"권사님, 다음 주 예배에 이러이러한 그림 자료가 필요한데 딱 맞는 그림을 찾는 게 쉽지 않네요."

그러자 권사님이 말씀하셨다.

"사모님, 어떤 그림이 필요하신가요? 제가 한번 그려서 보내드려 볼게요."

권사님은 액세서리를 만드는 작은 공방을 운영하셨다. 미적 감각이 뛰어나신 건 알았으나 미술 전공자가 아니기에 그림을 직접 그리실 거라고는 기대하지 않았는데, 흔쾌히 자원해 주셨다. 덕분에 내 마음은 큰 힘과 격려를 얻었다.

며칠 뒤 권사님으로부터 그림 파일이 도착했다. 파일을 여는 순간, 너무도 귀엽고 세련된 그림에 놀라지 않을 수 없었다. 그동안 인터넷을 샅샅이 뒤지며 '이거다!' 싶은 그림이 없어 늘 아쉽고 속상했는데, 모든 근심을 한 방에 날려버릴 만큼 예배 주제와 딱 맞고, 아이들이 좋아할 만한 예쁜 그림이 가득했다.

그날 이후 더는 떠돌이 그림 자료를 사용하지 않아도 되었다. 나는 예배에 필요한 그림 자료를 차 권사님에게 요청드렸고, 그때마다 권사님은 "네, 사모님!" 하며 기꺼이 섬겨주셨다. 2018년부터 지금까지 권사님은 모든 그림 카드, 미술 활동 자료, 성경 애니메이션 그림 등을 도맡아 그리며 때론 본업에 집중할 시간도 없을 만큼 하잉RTA 사역을 우선시하는 든든한 동역자가 되어주셨다.

하나님께서는 이 사역을 위해 아무 조건도 보수도 없이 헌신해준 권사님에게 복을 주셔서 EBS 〈세계 명작 동화〉의 그림 작가로 데뷔하게 하셨다.

또 한 기독교 방송국의 그림작가로도 왕성히 활동하게 이끄셨고, 최근에는 유명 초등 온라인 학습 사이트로도 활동 영역을 넓히시며 순종의 복을 부어주고 계신다. 그래서 권사님은 본업인 공방 운영은 거의 못 하고 그림만 그리는 전문 작가가 되었다.

동역자들 흩어 모여!

찬양 작곡과 MR 및 음원 제작은 즐겁고 신나는 일이었다. 하지만 매주 예배의 교육과정을 짜고, 활동과 자료를 준비하고, 교사들을 교육하고, 주일 예배까지 인도하는 등의 모든 일을 혼자 감당하다 보니 암송 찬양곡을 2주에 하나씩 만드는 과정은 그야말로 고통의 연속이었다. 할 일은 많고 시간은 없어서 턱 밑까지 조여오는 심리적 압박이 극심했다.

뿐만 아니라 하나의 노래를 만드는 일은 작곡 이후로도 많은 단계를 거쳐야 했다. 작곡한 내용을 다양한 악기 소리로 디지털화하는 편곡자와 편곡한 MR에 목소리를 입히고 믹싱 작업을 할 녹음실과 기술자가 필요했다. 또한 아이들과 신나게 찬양하기 위한 율동을 만들고, 찬양 율동 영상을 제작해야 했다.

하잉RTA 프로그램을 만드는 일은 정말 산 넘어 산이었다. 모든 걸 혼자 감당할 수 없기에 각 단계를 도와줄 사람과 재정이 필요했다. 하지만 처음부터 '이런 프로그램을 만들겠다'라고 작정하고 예산을 확보한 후에 시작한 일도 아니고, 후원자가 있는 것도 아니기에 그때그때 필요한 돈은 우리 가정의 생활비로 충당할 수밖에 없었다.

전문적으로 음악이나 영상 제작을 해본 적이 없는 내겐 낯설고 어려운 일이었다. 물어볼 곳도, 투정 부릴 곳도 없이 오직 내가 믿고 의지할 분은 하나님 한 분이었다. 그래서 기도하지 않고는 한 발짝도 나아갈 수 없는 하루하루를 보냈다.

아침에 아이들을 챙겨 등교 시킨 후 책상에 앉아 그날 할 일을 정리하면, 너무 많아서 1분 1초가 부족했다. 그래서 한번은 기도 시간이 아깝게 느껴져서 '하나님! 급하게 처리할 일들 좀 먼저 끝내고 기도할게요'라며 잠시 뒷전으로 미뤘다. 하지만 신기하게도 업무를 처리할 물리적 시간은 충분했음에도 기도로 하루를 시작했던 날보다 업무 능률이 확연히 떨어지는 걸 피부로 느꼈다.

반대로 아무리 바빠도 하루의 첫 시간을 하나님께 기도로 올려드리고 그분께서 나의 하루의 주인이 되어주시길 간구하면, 하나님께서 지혜와 능력을 부어주시고 모든 일을 넉넉히 감당하도록 인도하셨다. 해본 적도 없고 알지도 못하는 새로운 일을 맡겨주셨으니 내가 의지하고 물어야 할 대상은 내게 명령하신 그분, 하나님! 한 분뿐이었다.

갑자기 돈 많은 후원자가 '짠' 하고 나타난 것도 아니고, 전문 프로그램 개발자나 컨설턴트를 붙여주신 것도 아니었다. 내 힘으로 일하면 내 수준의 일만 이루지만, 하나님의 능력을 의지하면 전능하시며 천지 만물을 지으신 창조주 하나님의 수준으로 이뤄낼 수 있기에, 나는 기도하지 않을 수 없었다.

하루는 하나님께 솔직하게 아뢰었다.

'하나님, 작곡은 했는데, 음원으로 편곡해줄 편곡자가 필요해요. 어떡하면 좋을까요?'

하나님은 역시 신실하셨다. 그분은 내가 기도하면 기도하는 대로 일하셨다. 불과 얼마 후에, 편곡과 MR 제작을 둘 다 할 수 있는 편곡자 정재윤 집사님을 지인 소개로 만나게 하신 것이다.

내가 사역의 비전을 말하자 정 집사님은 다음세대를 위한 귀한 사역에 동참하고 싶다며 아주 저렴한 금액으로 편곡 작업을 도맡아 주셨다. 때로 정 집사님이 바쁠 땐, 주변 사람을 통해 또 다른 분을 소개받으며 편곡 작업을 순조롭게 진행했다.

하지만 편곡이 끝났다고 음악이 완성되는 게 아니었다. 편곡한 MR에 목소리를 입히고 마지막 믹싱 작업을 할 녹음실이 필요했다. 물론 녹음실은 찾으면 많지만, 이용 비용이 문제였다. 그래서 또 기도했다.

'하나님, 녹음실이 필요해요. 화려하고 멋지지 않아도 돼요. 우리 아이들이 예배할 때 사용할 만큼의 음원을 녹음할 공간만 있으면 돼요. 또… 녹음실 이용 비용도 만만치 않은데, 어떡하죠?'

그러자 며칠 뒤, 교회 청년 중 개인 작업실로 작은 녹음실을 가진 김성현 자매를 소개받았다. 자매는 본인의 녹음실에서 모든 하잉RTA 노래의 녹음과 믹싱 작업을 저렴한 금액으로 진행해주겠다고 했다.

하나님께서는 어린 다음세대가 그분을 기뻐 예배하고 즐겁게 찬양할 수 있도록 여러 동역자를 붙여주시며 찬양곡들을 아름답게 완성하게 하셨다.

그분은 자신의 전부인 보리떡 다섯 개와 물고기 두 마리를 아끼지 않고 드린 한 소년을 통해 5천 명이 먹고도 남는 기적을 일으키셨다. 우리 가정 역시 적은 부목사 사례비와 시간강사 보수를 아낌없이 하나님께 드렸다. 그러자 때에 따라 필요한 일꾼들을 붙여주셨고, 하나님의 말씀을 선포하는 많은 찬양곡이 완성되는 멋진 일을 손수 이루셨다.

이는 하나님께서 보이실 기적의 시작에 불과하다. 하잉RTA의 가슴 뛰는 비전을 함께 꿈꾸며 협력하는 동역자들의 헌신을 통해 하나님께서 '21세기 오병이어의 기적'을 일으켜 주시리라 믿는다.

수많은 다음세대 아이들이 말씀을 배우고 찬양하며 하나님나라의 일꾼으로 성장해가는 일에 하잉RTA를 귀하게 사용해주시길 소망한다.

여기 한 아이가 있어 보리떡 다섯 개와
물고기 두 마리를 가지고 있나이다
그러나 그것이 이 많은 사람에게
얼마나 되겠사옵나이까 예수께서 이르시되

이 사람들로 앉게 하라 하시니

그곳에 잔디가 많은지라

사람들이 앉으니 수가 오천 명쯤 되더라

예수께서 떡을 가져 축사하신 후에

앉아있는 자들에게 나눠주시고

물고기도 그렇게 그들의 원대로 주시니라

그들이 배부른 후에 예수께서 제자들에게 이르시되

남은 조각을 거두고 버리는 것이 없게 하라 하시므로

이에 거두니 보리떡 다섯 개로

먹고 남은 조각이 열두 바구니에 찼더라 요 6:9-13

"Here is a boy with five small barley loaves

and two small fish, but how far

will they go among so many?"

Jesus said, "Have the people sit down."

There was plenty of grass in that place,

and they sat down

(about five thousand men were there).

Jesus then took the loaves, gave thanks,

and distributed to those who were

seated as much as they wanted.

He did the same with the fish.

When they had all had enough to eat,

he said to his disciples,

"Gather the pieces that are left over.

Let nothing be wasted."

So they gathered them and

filled twelve baskets with

the pieces of the five barley loaves

left over by those who had eaten.

chapter **15**

부흥 있으리라!

5명에서 70명, 4명에서 30명

한 주 예배가 끝나면 다음 예배를 준비했다. 하루살이처럼 매주 예배 내용을 놓고 기도하며 구상하는 삶은 육체적, 정신적으로도 부담이 되었다. 그러면서도 아이들이 기쁘게 예배드리는 모습을 보면 모든 힘듦과 어려움이 달아났다. 나는 새 힘을 얻어 다음 주, 그다음 주 예배를 준비해나갔다.

이런 열정과 헌신을 보셨는지, 하나님께서는 영어성경학교 부서에 부흥을 허락해주셨다. 어린 자녀를 둔 부모들은 조기영어교육과 유대인의 하브루타 교육법을 접목한 프로그램에 매력을 느꼈고, 예배가 재미있기까지 하다는 입소문이 부모들 사이에 퍼지면서 아이들이 하나둘 몰려왔다.

이 소문은 교회 내부뿐 아니라 외부의 불신자들에게도 퍼졌다. 그래서 언제부턴가 교회에 한 번도 다닌 적 없는 부모들이 자녀에게 하브루타와 영어교육을 시키기 위해 자녀를 교회에 보내기 시작했다.

하잉RTA 프로그램이 전도의 도구가 되어 매주 새로운 아이들이 늘어났다. 아이들 5명으로 시작했던 부서가 코로나 전까지 최대 70명으로 부흥했고, 아이들뿐 아니라 교사의 부흥도 일어났다.

많은 교회학교의 고충 중 하나가 교사 모집이다. 특히 하잉RTA는 하브루타를 진행하는 예배다 보니 다른 부서보다 더 많은 교사가 필요했다.

하브루타는 일대일로 짝을 지어 대화하고 토론해야 하는데, 아직 아이들끼리 짝을 지어 토론하기는 어려운 수준이기에 아이와 교사가 일대일로 짝을 지어서 진행하는 게 바람직했다. 하지만 교회 사정상 이 비율을 맞추는 건 불가능하므로 교사 1명당 최소의 인원으로 아이들을 배치하려 했다.

그런데 이 시기에 교사 충원의 문제까지도 하나님께서 지혜를 주셨다. 바로 예배에 출석하는 아이들의 부모님을 교사로 헌신하도록 한 것이다.

거듭 말하지만, 자녀에게 제대로 말씀교육을 시키기 위해서는 일주일 중 교회에서 한 시간 예배드리게 하는 것만으로는 절대 부족하다. 주일 예배의 내용이 일주일간 자녀의 삶 속에 적용되고 반복적으로 하가다 되어야 말씀의 영향력이 삶에 나타날 수 있기 때문이다.

그러려면 자녀가 주일에 배운 말씀을 부모가 잘 알고 있어야 한다. 만일 부모가 자녀의 예배에 교사로 참석하면 아이가 교회에서 배운 내용도 알게 되고, 가정에서도 그것으로 신앙교육을 이어갈 수 있어 아주 효과적인 '가정과 교회 연계 신앙교육'이 된다.

당시 부서 아이들의 나이는 6,7세로 유치부였다. 그런데 우리 예배가 재미있고 아이들도 좋아하다 보니 3-5세 자녀도 받아달라는 요청이 쇄도했다. 그래서 부모가 예배 교사로 섬기는 조건으로 3-5세도 받았더니 교사의 수가 자연스럽게 4명에서 30명으로 늘어났다. 교사들은 아이들을 위해 한마음으로 기도하고 섬기며 부서의 든든한 기둥으로 세워졌다.

교사들이 세워지니 사역은 훨씬 단단해지고 체계가 잡혔다. 혼자 고민하던 P. E. 활동도 교사 회의를 통해 함께 고민하며 좋은 아이디어가 많이 모였고, 처음부터 끝까지 혼자 진행하던 예배 순서도 팀을 나누어 협업하며 준비할 수 있었다.

하잉RTA 예배는 다른 교육 부서와는 달리 영어와 하브루타에 관한 '교사교육'과 '부모교육'이 필요했다. 그런데 상당수의 교사가 아이들의 부모이다 보니 두 교육을 동시에 진행하는 일거양득의 효과가 있었다.

하잉RTA의 말씀교육이 가정에서 신앙교육으로 자연스럽게 실천되자 말씀의 영향력과 효과가 자녀의 삶에 뿌리내리는 간

중이 쏟아져 나왔다. 주일 예배에서 신나는 게임과 찬양과 율동을 통해 배운 말씀을 한 주간 가정에서 엄마와 함께 반복적으로 하다가 함으로써 말씀이 자녀의 마음에 새겨졌다.

또한 선생님과 함께 하브루타 했던 내용을 가정에서 부모님과 다시 이야기함으로써 암송한 말씀의 의미가 무엇이고, 삶에 어떻게 적용할지 되새기는 진정한 하브루타가 자녀의 삶 속에 이뤄지기 시작했다.

교사들은 매일 부서에 맡겨주신 아이들의 이름을 불러가며 기도했다. 아이들의 마음 판에 말씀이 새겨지고, 새겨진 말씀이 삶의 무기가 되어 세상을 변화시키는 세계적 지도자로 아이들을 우뚝 세워달라고 말이다.

더 나아가, 나는 헌신하는 교사들의 이름을 하나하나 불러가며 이들을 통해 하나님나라의 다음세대가 든든히 세워지게 해달라고 기도했다. 그리고 이들에게 하늘과 땅의 넘치는 축복을 부어주셔서 이 사역을 기쁘게 감당할 몸과 마음의 건강을 허락해달라고 간구했다.

기도와 헌신의 열정 위에 하나님의 은혜가 부어지자 영어성경학교 부서는 날로 성장하고 부흥할 수밖에 없었다. 자녀가 말씀 안에서 변화되는 모습을 보며 많은 부모가 감사를 전해왔다. 몇몇 분의 감사 메시지를 나눠본다.

교회에 전혀 관심이 없던 아이들이 하잉RTA를 통해 교회에 가기를 즐거워하고, 늘 말씀을 기억하며 찬양하는 아이들이 되었습니다. 일상생활 속에서 말씀을 기억하고 지키려는 아이들의 모습을 보며 하나님의 살아계심을 느끼게 됩니다. 하나님을 알아가는 기쁨을 누리고 영어에 흥미를 느끼는, 우리 아이들의 미래가 기대됩니다.

정윤선 집사(유성, 재민 엄마)

이준이는 영어에 대한 거부감이 컸습니다. 그런데 하잉RTA를 만난 이후 영어로 하나님을 예배하기를 좋아하는 아이가 되었습니다. 이제는 매주 교회에 가는 걸 기대하고 예배에서 배운 찬양을 일상에서도 즐겨 부릅니다. 또 엄마와 함께 성경 인물에 대해 이야기를 나누는 아이의 변화에 감사함을 느낍니다. 매일매일 하잉RTA와 함께 예수님을 닮은 아이로 성장해가고 있음을 믿습니다.

이세희 집사(이준 엄마)

우리 아이들이 하잉RTA를 만난 것은 하나님의 귀한 선물이며 인도하심입니다. 3세 하음이가 영어로 처음 암송할 때, 2세 하진이가 아침마다 찬양을 흥얼거리며 율동하는 모습을 볼 때 감동하고 감사합니다. 어릴 때부터 새겨진 하나님의 말씀이 우리 아이들의 삶을 어떻게 힘 있게 이끌어갈지 기대됩니다. 이 프로그램의 성장을 응원하고 기도합니다.

박선주 집사(하음, 하진 엄마)

하잉RTA 예배를 드리며 말씀을 주제로 아이와 자유롭게 묻고 답하는 법을 조금씩 배워갑니다. 아이가 스스로 자기 생각을 이야기하게 되면서 때로는 일상 속 대화에서도 이야기를 주도하더라고요. 하잉RTA는 하나님의 말씀을 자녀 마음에 깊이 새기며 신앙 안에서의 교육을 자연스럽게 실천할 수 있는 참 귀한 프로그램입니다.

박은혜 집사(소율 엄마)

딸아이가 하잉RTA를 통해 어릴 때부터 영어 말씀 암송과 실천을 생활화함으로써 신앙의 기초가 튼튼해지는 걸 경험합니다. 아이들이 재미있는 콘텐츠와 다양한 활동을 즐기는 가운데 자연스럽게 성경을 영어로 배우는 기회가 되리라 확신합니다.

권나영 집사(고은 엄마)

하나님의 말씀을 아이들이 좋아하는 영상으로, 눈높이에 맞춘 스토리로, 퀄리티 높은 만들기로 접하게 해주는 종합 신앙 매체가 '하잉RTA'입니다. 이 프로그램 덕분에 두 아이 머릿속에

성경 말씀이 자리 잡아서 말씀에 대해 생각을 주고받고 말씀을 암송하고 찬양하는 일이 일상이 되었습니다. 아이들이 성인이 되어서도 지금 배운 하나님의 말씀을 결코 잊지 않을 거라고 확신합니다. 하잉RTA를 통해 더 많은 다음세대에게 말씀의 씨앗이 뿌려지길 기도합니다.

조가비 집사(수오, 수안 엄마)

하잉RTA의 재밌는 찬양과 율동으로 성경을 배우기 시작하면서 영어 성경 암송을 어려워했던 유치·유년부 학생 40여 명이 성경 암송을 즐겁게 배우고 있습니다. 코로나19로 국가에 봉쇄령이 내려져 예배가 10개월가량 멈춰있었는데, 이 프로그램으로 인해 예배가 회복됐습니다. 앞으로 더 많은 선교지에 하잉RTA가 보급되길 바랍니다.

이승희 선교사(남아프리카공화국)

이런 지지와 감사의 마음들이 사역에 지치고 힘들 때 다시 힘을 내어 달려갈 수 있는 큰 동력이 되었다. 또한 같은 비전을 품고 힘차게 동역해주는 귀한 섬김의 사람들을 하나님께서 때마다 붙여주시며, 지지와 격려를 아끼지 않으셨기에 이 사역이 지금까지 이어질 수 있었다.

LCW, 1인 출판사

하잉RTA의 부흥은 양적 측면뿐 아니라 어린 영혼들의 영적 성장과 가정의 변화라는 질적 부흥으로도 이어졌다. 이 소식은 교회 밖으로 퍼져나갔고, 다른 교회에서 우리의 프로그램을 공유해달라는 요청이 들어왔다.

하지만 그림작가 권사님과 작곡가 집사님의 저작권 문제가 마음에 걸렸다. 두 분은 줄곧 금전적 보상 없이, 그저 하나님 나라 사역의 비전을 바라보며 섬겨주셨기에 저작권 보호 장치를 한 후에 자료를 외부에 공유하는 게 도리라고 생각했다.

이전에 좋은 마음으로 자료를 나눴다가 되려 저작권을 도둑질당한 경험이 있었기 때문이다. 아버지 교회의 부설 영어선교원을 킹스키즈(King's Kids)로 이름 짓고 기독교 어린이 영어교육 과정을 자체 개발하며 운영하던 당시, 가까운 옆 교회에서 우리의 교육과정을 고스란히 베낀 일이 있었다. 그뿐 아니라 선교원 이름도 똑같이 '킹스키즈'로 지어 간판을 걸고, 상표 특허를 내며 우리 선교원을 공격했다.

하나님께서는 그 뼈아픈 기억을 떠올려 주시며 자료를 공유하는 데 있어 함께 동역한 사람들의 수고를 보호할 뱀 같은 지혜가 필요함을 깨닫게 하셨다.

보라 내가 너희를 보냄이

양을 이리 가운데로 보냄과 같도다
그러므로 너희는 뱀같이 지혜롭고
비둘기같이 순결하라 마 10:16

I am sending you out like sheep
among wolves. Therefore
be as shrewd as snakes and
as innocent as doves.

  글과 그림 자료를 공유하려면 출판물이 필요했고, 찬양 자료를 공유하려면 음원 유통 작업이 필요했다. 그림이나 노래와 같은 콘텐츠는 발 없는 자료들이라 이름을 붙여놓지 않으면 다른 누군가가 먼저 이름표를 붙이고 권리를 빼앗을 수 있기에 보호 장치가 반드시 있어야 했다. 그래서 먼저 음원 유통 작업을 시작했다.

  음원 유통을 위해 대표 단체가 필요했다. 나는 '세상을 변화시켜나가는 믿음의 아이들을 세우자!'라는 비전을 담아 'LCW'(Let Christian Children Change the World)라는 이름의 어린이영어교육연구소를 등록했다. 그리고 추가 녹음 작업이 필요한 찬양곡들을 다시 녹음하고 믹싱과 마스터링을 통해 유통이 가능한 상태로 만들었다. 또한 작곡자인 집사님의 이름과 그 외 작업자들의 이름을 저작권자로 등록하여 섬겨주신 분들의 저작권을 보장하는 장치를 마련했다.

이 모든 과정을 거친 후 2020년, 하잉RTA 정규앨범 〈RTA_Old Testament Vol. 1〉(구약 1집)이 발매되었다. 음원 사이트나 인터넷 검색창에 'RTA Kids'(알티에이 키즈)를 치면 찬양을 들을 수 있고, 소액을 내면 음원을 내려받아 교회와 가정에서 사용할 수 있다. 음원을 합법적으로 사용하는 사람들이 늘어나서 하잉RTA 찬양 작업에 헌신해준 분들에게 조금이나마 수고의 열매가 맺히기를 바라는 마음으로 기도하며 음원 유통을 시작했다.

2020년 말에는 아이들이 영어로 주기도문을 쉽게 외울 수 있도록 돕는 〈하잉RTA 영어 주기도문 송〉, 〈하잉RTA 파닉스 송〉 싱글앨범을 발매했고, 2021년에는 구약 후반부에 해당하는 찬양을 묶어 〈RTA_Old Testament Vol. 2〉(구약 2집) 앨범 발매까지 진행했다.

앞으로 신약 과정의 찬양곡과 어린이들이 영어예배에서 신나게 찬양할 수 있는 더 많은 찬양곡을 세상에 내놓고 싶다.

음원 유통과 함께 교재 제작에도 박차를 가했다. 2018년과 2019년, 2년간 구약과 신약 하잉RTA 커리큘럼이 완성되었다. 이 교육과정으로 예배드렸던 내용을 책으로 만들어주길 바라는 여러 교회의 요청이 있어 교재를 제작하기로 했다.

하지만 교재를 만드는 작업은 책의 구성을 맞추고, 그림을 구성하고, 영상을 만들고, 디자인하는 등 수없이 많은 단계를 거쳐야 했다.

그중 가장 큰 작업이 '바이블 스토리'를 새롭게 만드는 부분이었다. 그동안은 유튜브에 돌아다니는 애니메이션을 활용하여 예배를 드렸지만, 교재를 만들기 위해서는 우리만의 바이블 스토리가 필요했다. 그래서 그동안 그림 작업을 해주신 차 권사님에게 요청했고, 권사님은 흔쾌히 일러스트 작업을 맡아주셨다. 내가 챕터별 영어 바이블 스토리 원고를 작업해서 드리면 그 내용에 해당하는 그림을 그려주셨다.

그것을 바탕으로 원어민 녹음과 애니메이션 작업을 진행하는데, 수많은 수고와 시간과 재정이 필요했다. 하지만 그림작가 권사님도 본업이 있고, 나도 대학 강의와 매주 새로운 하잉RTA 예배 준비를 병행하다 보니 교재 제작에 모든 걸 쏟아부을 여건이 되지 않았다.

빨리 교재를 만들어 많은 교회와 나누고, 우리 부서 아이들의 가정에도 보급하고 싶은 마음이 간절했다. 그러나 녹록지 않은 현실 앞에 교재 작업은 속도를 내지 못했고 답답함과 부담으로만 남아있었다.

그러던 중 2019년 말, 코로나19 팬데믹이 터지며 전 세계가 멈춰버렸다. 몇 달이면 끝날 것 같았던 코로나 상황은 점점 악화되고 확산되어 '대면 예배 전면 금지'라는 청천벽력 같은 국가적 명령이 떨어지기에 이르렀다. 이 시기에 우리 부서의 대면 예배도 당연히 전면 금지되었다. 아이들은 신체적으로 연약하기에 더더욱 엄격히 지켜야 했다.

한 번도 경험해보지 못한 사상 초유의 상황 속에서 교회에 가지도 못하고 모여서 예배드리지도 못하는 답답함과 어려움은 이루 말할 수 없었다. 코로나가 휩쓸고 간 고난의 시간 동안, 나는 하나님께 수없이 여쭈었다.

'하나님 도대체 어떤 이유로 온 세계를 다 묶어놓으셨나요? 왜 전 세계가 고통당하게 하시나요?'

그러나 하나님은 침묵하셨다. 나는 그 깊으신 뜻을 헤아리지 못한 채 빨리 상황이 종식되기만을 기도하며 인내할 수밖에 없었다. 처음에는 기약 없는 기다림에 손발이 묶인 것 같았다. 하지만 이 시간 동안 온라인 예배 자료를 만들고 첫 번째 교재 원고 집필에 온전히 몰두할 수 있었다.

선하신 하나님께서는 코로나 상황을 통해 교재 집필의 시간을 허락하시며 아픔 뒤에 숨겨진 하나님의 희망을 맛보게 하셨다. 만약 코로나 상황이 아니었다면, 매주 예배 준비의 분주함으로 하잉RTA 교재 개발은 진행되지 못했을지도 모른다.

물론 코로나로 인해 힘든 상황도 많았다. 그러나 이 고난의 시간 속에서 주님은 바쁜 사역을 잠시 멈추고 교재를 개발할 수 있는 유익한 시간을 예비해주셨다. 하잉RTA를 향한 그분의 선하신 계획이었다.

한창 구약 1권에 들어갈 글과 그림 작업이 완성되어 가는 중에, 이 내용을 책으로 출판해줄 출판사를 알아보았다. 하지만 쉽지 않았다.

하잉RTA가 내용도 좋고 그림도 예쁘고 교육 효과도 충분히 입증되었지만, 코로나로 모든 기업이 어려운 시국에 출판업계도 예외는 아니었다. 더구나 일반 서적이 아닌 기독교 서적은 더더욱 수익이 나지 않는 분야라 흔쾌히 출판해주겠다는 출판사를 만나기 어려웠다.

몇몇 출판사는 처음엔 함께할 것처럼 약속하고는 며칠이 지나서 도저히 어려울 것 같다며 거절 의사를 전해왔다. 그때는 서운한 마음이 컸지만, 지금 생각해보면 우리 교재가 글만 있는 일반 서적과 달리 그림, 음원, 영상 등 다양한 콘텐츠를 담고 있어서 단계가 복잡하고 비용도 많이 들어가니 코로나 시국에 쉽게 결정을 내리기 어려웠음을 이해한다.

결국 적당한 출판사를 만나지 못하고 고민하며 기도하던 중 1인 출판 과정을 알게 되었다. 더 이상 여기저기 아쉬운 소리를 하며 거절당하는 게 싫었다. 1인 출판을 하면 품이 많이 들고 홍보나 판매도 발로 직접 뛰어야 하지만, 그래야 하잉RTA 교재가 당장 필요한 교회들에 빨리 교재를 제공할 수 있기에 'LCW'로 1인 출판사를 등록하고 정식으로 출판에 뛰어들었다.

하잉RTA 책은 영어 교재여서 영어에 능숙한 교사가 없는 교회나 부모님들이 사용하기엔 어려울 수 있다. 그래서 영어를 못하는 사람들도 이 교재로 자녀와 어린아이에게 영어 성경 내용을 쉽게 지도할 수 있도록 모든 교재의 자료를 원어민 발음으로 녹음하고 영상화했다.

바이블 애니메이션 영상 작업, 찬양 음원 작업, 율동 영상 작업 등 다양한 영상 콘텐츠를 교재에 담기 위한 작업이 함께 진행되었다.

원어민 발음 작업에는 미국에 있는 조카 Erin, Luke, Jonah와 아들 시후가 도와주었고, 단어 카드 일러스트 작업에는 디자인을 전공하는 조카 예빈이와 김현주 사모님이 도와주었다. 율동 영상 촬영엔 딸 시온이와 부서의 유승민, 조가비, 배서영, 나정현 선생님이 함께해주었고, 김경주 집사님이 영상 촬영과 편집을 도와주었다.

또한 다년간 총회 어린이 교재 디자이너로 일하고 있는 이성희 사모님이 책 디자인 작업을 도와주셨다. 이 외에도 하나님께서는 때에 따라 필요한 사람들을 붙여주셔서 하잉RTA 교재 편찬의 전 과정이 순조롭게 진행되도록 인도하셨다.

    다음세대 아이들이 하나님의 말씀을 바르게 배우며 하나님 나라의 일꾼으로 세워지는 주님의 일을 간절히 소원하며 걸어가자, 모든 과정을 내 힘이 아닌 그분의 능력으로 이뤄가시는 놀라운 은혜를 경험했다.

> 그런즉 너희는 먼저 그의 나라와 그의 의를 구하라
> 그리하면 이 모든 것을 너희에게 더하시리라 마 6:33
> But seek first his kingdom and his righteousness,
> and all these things will be given to you as well.

chapter 16

만나와
메추라기로
먹이고 입히신
하나님

하나님나라의 재정 원칙

하잉RTA 책은 글과 그림뿐 아니라 많은 영상과 음원이 수록되다 보니 제작에 상당한 시간과 재정이 들어갔다. 넉넉지 않은 부목사 사례비와 시간강사 보수로 모든 재정을 감당하는 건 불가능에 가까웠다.

그러나 우리 부부는 유학 시절에도 그랬고, 사역을 하면서도 하늘을 바라보고 사는 삶을 훈련해왔기에 이 귀한 사역의 길을 겁 없이 걸어갔다.

어릴 때부터 부모님의 목회를 보면서 하나님나라의 일은 계산하고 하는 게 아님을 배웠다. 내 재정 능력으로 감당하려 하면 내 재정 수준의 결과만 나오지만, 하나님나라의 재정 원칙으로 일하면 하나님 수준의 결과를 얻는다고 믿었다.

만일 우리 부부가 계산기를 두드렸다면, 하잉RTA 사역은 시작조차 못 했을 거다. 투자 대비 수익률이 전혀 보장되지 않는, 투자 가치가 없는 일이었기 때문이다.

그럼에도 가난한 부목사 가정이 이 사역을 감당할 수 있었던 건 재정의 주권을 아버지께 맡겨버린 담대함에 있었다. 우리는 우리가 가진 오병이어를 주님 손에 올려드리고 주님께서 이 사역의 재정부 장관이 되어 일하시도록 내어드렸다.

주인이신 아버지께 재정을 맡겨드리자 그분의 대행자인 나는 순종밖에 할 일이 없었다. 오병이어로 5천 명을 먹이고도 열두 광주리나 차고 넘치게 부어주신 주님의 손길을 신뢰하며 달려가는 것뿐이었다.

이스라엘 백성을 광야에서 40년 동안 만나와 메추라기로 먹이고 입히신 하나님께서 하잉RTA도 때에 따라 먹이고 입히실 거라는 믿음으로 과감히 뛰어들었다.

옥합을 깨뜨리다

1인 출판사 대표가 된 나는 인쇄소에 직접 방문했다. 공장을 둘러보며 인쇄 공정을 살펴보고, 샘플 종이를 하나하나 만져보며 페이지마다 적합한 종이를 손수 골랐다.

재정이 부족해서 최대한 저렴한 종이와 형식으로 출판해야 할 상황이었지만, 하나님의 말씀이 담길 책을 낮은 질로 만들고 싶지 않았다. 또 사람들이 기독교 콘텐츠를 값싸게 여기지 않기를 바랐다. 그래서 최고의 질감과 색감을 구현하는 용지와 최상의 재료로 제작을 요청했다. 어린 다음세대가 하나님의 말씀을 배우는 교재인 만큼 세련되고 멋지게 만들어서 아이들이 책에 애착을 갖게 하고 싶었다.

그렇게 무작정 교재 제작에 들어갔고, 부족한 재정은 하나님께서 책임져 주시길 무릎으로 기도했다. 그러자 놀라운 속도로 기도가 응답되기 시작했다.

하나님께서는 첫 번째 후원 자금을 양가 부모님을 통해 보내주셨다. 평생을 목회에 헌신하고 은퇴하신 분들이라 자녀 부부가 얼마나 간절히 다음세대 어린이 사역에 전력하는지 잘 아셨기에, 아침저녁으로 하잉RTA 사역을 중보기도로 지원해주셨다. 그것만으로도 충분한데, 부모님들은 넉넉지 않은 형편임에도 큰 금액을 후원해주셨다.

그 덕분에 2020년 6월, 하잉RTA 첫 교재 〈RTA Old Testament Vol. 1-1〉이 세상에 나왔다. 우리 부부는 프로그램과 교재 개발, 출판 과정을 통해 하나님나라의 재정 원칙을 훈련하며 그분을 더욱 신뢰하게 되었다.

1권에 이어 2권, 3권을 개발하기 위해 우리는 가진 돈을 싹싹 긁어모아 아낌없이 쏟아부었다. 그래도 재정은 여전히 부족했다. 더 이상 끌어올 재정이 없는 상황에서 아이들 앞으로 들어놓은 적립식 보험증서가 눈에 들어왔다.

아이들이 성인이 돼서 사용할 수 있도록 매달 적립하던 거라 중간 해약도, 환급도 할 수 없는 조건이었다. 당시 주변에서는 해지하면 원금의 반도 상환받지 못할 거라며 말렸다.

나는 이 사실을 알면서도 보험회사에 전화를 걸어 보험을 해약하고 지금까지 납입한 금액을 환급받고 싶다고 말했다. 보험사 직원이 약관을 확인하고는 불가능하다고 했지만, 이내 담당 상관을 연결해주어 내 마음과 사정을 전할 수 있었다. 해지 신청을 모두 마친 후 결과를 기다리며 담대하게 기도했다.

'하나님, 물질이 부족해서 사역을 멈추는 일이 없도록 넉넉히 채워주옵소서!'

그러고는 보험 해지 건을 잠시 잊고 살았다. 그런데 몇 달 뒤 보험회사에서 '이례적으로 이 건은 중도 해지를 해주겠으며 원금도 그대로 상환하겠다'라고 연락이 왔다. 보험회사 직원도 이런 전례가 없었다며 내게 상환받을 계좌를 물었다.

'할렐루야! 납입 원금 백 퍼센트를 고스란히 상환해주다니!'

모두가 불가능하다고 한 일이 일어난 거였다. 친언니도 나와 동일한 상품에 가입해서 비슷한 시기에 해지 신청을 했지만 거절당했는데, 나는 승인이 되다니! 주님의 도우심으로밖에 설명되지 않았다.

하나님께서는 그분의 사역을 위해 간절히 구하는 자에게 불가능을 가능케 하는 분이시다. 먼저 그의 나라와 의를 구하는 자에게 가히 모든 것을 더하신다.

나는 일말의 망설임 없이 보험 환급금 전부를 하잉RTA 교재 2권의 인쇄비로 지불했다. 아이들에게는 조금 미안했지만, 이 돈을 우리 아이들만을 위해 쓰기보다 다음세대를 믿음 안에서 기르는 데 사용하는 것을 하나님께서 훨씬 기뻐하실 게 분명했다.

우리 아이들에게 쓸 돈을 하나님나라에 투자했으니 이 땅의 투자 이율과는 비교할 수 없는 하늘나라 복리로 흔들어 넘치게 아이들의 앞길에 부어주실 거라 믿었다.

만나와 메추라기

하나님께서 재정을 채워주실 때, 한 번에 넉넉한 금액을 주셔서 뒷일도 걱정 없게 해주시면 좋으련만, 그분의 방법은 내 생각과 달랐다. 매일 하나님의 도우심과 인도하심을 구하는 기도가 끊이지 않도록 그날그날 필요한 만큼의 만나와 메추라기만 때에 따라 내려주셨다.

하루는 돈이 떨어져 막막한 심정으로 기도하는 중에 '소상공인시장 진흥기금' 대출을 알게 되어 급히 필요한 서류를 준비해서 은행에 갔다. 은행 직원이 서류를 점검하면서 내게 말했다.

"이 상품이 30대 소상공인 청년 사업자를 위해 국가에서 낮은 금리로 대출해주는 상품이라서 사업자의 나이가 만 40세 이하여야 해요. 그런데 서류를 보니 오늘이 만 39세의 마지막 날이시네요. 만일 하루라도 늦게 대출 신청을 하러 오셨다면 자격이 안 될 뻔했어요."

대출 신청 서류를 접수한 그날이 바로 10월 2일, 내 생일 하루 전날이었다! 나는 또 한 번 하나님의 놀라운 타이밍에 소름이 돋았다. 이 사역을 지지하시는 그분의 기막힌 인도하심에 감사와 감탄만 나왔다.

또 한번은 인쇄비 재정이 부족해서 반만 보내고 나머지 금액을 놓고 기도할 때였다. 어느 날처럼 업무 시작 전에 책상에 앉아 기도하는데, 한 권사님으로부터 전화가 왔다.

"사모님, 교회 로비에 있는 물품 보관함 00번에 작은 선물을 넣어두었으니 바로 찾아가세요. 보관함 비밀번호는 0000이에요."

전화를 끊고 교회로 달려가 말씀하신 보관함을 열어보았다. 그 안에는 두툼한 돈 봉투와 손 편지가 놓여있었다.

기도하던 중에 하나님께서 사모님 사역을 도우라는 마음을 주셨습니다. 제 마음은 이 금액에 0을 하나 더 붙여서 드리고 싶어요. 더 많은 것으로 섬겨드리지 못해 죄송합니다. 적은 액수지만 귀한 사역을 위해 사용해주세요. 목사님과 사모님이 하시는 사역을 위해 늘 기도하고 있습니다. 힘내세요!

오○○ 권사 드림

봉투 안의 돈을 보고는 눈물이 왈칵 쏟아졌다. 인쇄소에 보내야 하는, 적지도 않고 많지도 않은 딱! 그 금액이 봉투 안에 들어있었다. 권사님을 통해 부족한 재정을 완벽하게 채워주신 하나님의 손길이 느껴졌다.

하잉RTA 프로그램을 만드는 과정은 실로 귀한 훈련과 경험의 연속이었다. 특히 재정에 있어 나는 하나님만을 온전히 믿고 의지하고 간구하며 따라갈 수밖에 없었다. 거듭된 '채워주심의 은혜'를 경험하며 하나님께서 이 사역을 얼마나 기뻐하시고 필요로 하시는지 더욱 확실히 알았다.

이 사역을 향한 하나님의 마음을 영적인 눈으로 바라보고 같은 마음으로 후원하고 섬겨준 이들의 삶과 가정에 하나님의 넘치는 축복과 은혜가 부어지길 기도한다.

하잉RTA 사역이 하나님의 구속사에 귀하게 쓰임 받도록 날마다 세밀하게 인도하시고, 놀랍게 예비하시고, 넘치는 능력으로 함께하실 주님을 오늘도 믿으며 나아간다.

여호와여 내 기도를 들으시며

내 간구에 귀를 기울이시고

주의 진실과 의로 내게 응답하소서 시 143:1

LORD, hear my prayer,

listen to my cry for mercy;

in your faithfulness and

righteousness come to my relief.

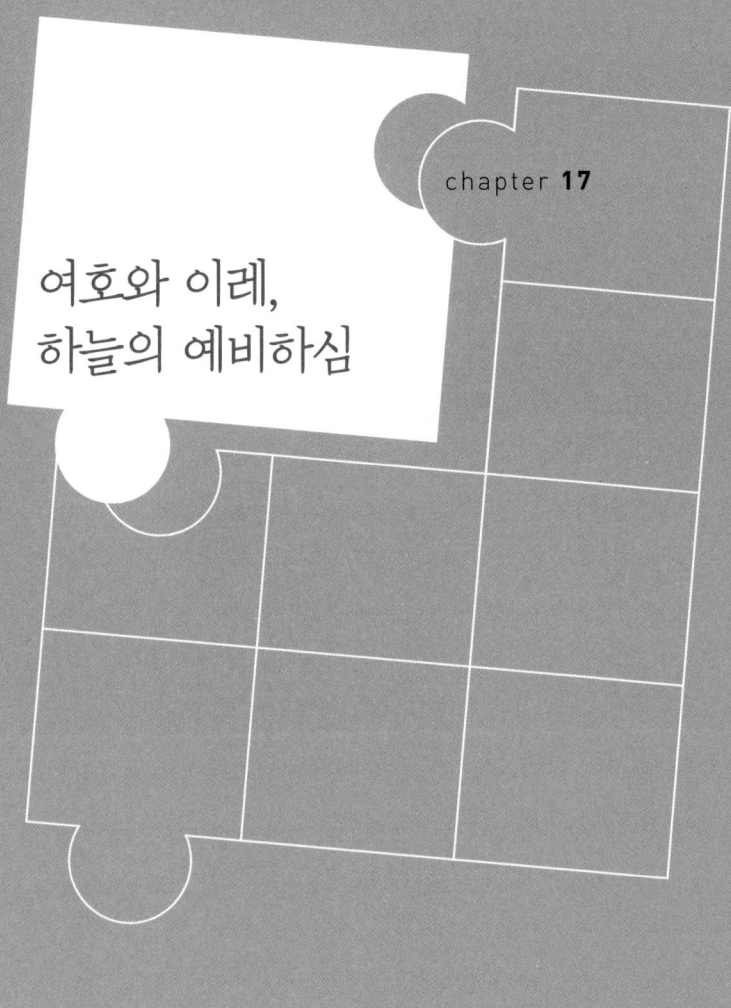

chapter **17**

여호와 이레,
하늘의 예비하심

지구 반대편에서 걸려온 한 통의 전화

사역을 하며 감사와 감동의 순간만 있었던 건 결코 아니다. 하나님의 타이밍은 내 시간대와 많이 달랐고, 기도하고 기다려도 응답이 더디 오거나 응답받지 못한 일도 많았다.

사람과 함께하는 일에서 오는 관계의 어려움, 끝이 보이지 않는 사역의 연속, 부족한 재정 등을 혼자 감당하며 걸어가는 게 녹록지 않았다. 그래서 하나님께 투정도 부렸다.

'하나님! 저를 왜 이렇게 힘들게 하시나요? 제가 언제 하잉RTA 프로그램을 만들겠다고 했나요? 교회의 한 부서를 섬기라고 하셔서 순종했고, 그곳에서 사용할 프로그램을 만들라고 하셔서 또 순종하고 있잖아요. 이 일이 제가 원해서 한 일인가요? 왜 이렇게 저 혼자 힘겹게 헤쳐나가게 하시나요? 저 너무 힘들어요…. 이제 그만하고 싶어요.'

예배당에서 하늘을 향해 양손을 치켜들고 울부짖었다. 사역에 슬럼프가 찾아온 거였다. 회의감이 밀려왔다.

'전 재산을 쏟아붓고 삶을 바쳐서 사역을 하는데 알아주는

사람도 하나 없고…. 이렇게 모든 걸 쏟아부으며 힘들게 만들어서 뭘 하나?'

지칠 대로 지쳐 두 손 두 발 다 든 어느 오후였다. 한 통의 국제전화가 걸려왔다. 남아프리카공화국에서 고아원 사역을 하시는 이승희 선교사님이었다.

선교사님은 고아원 아이들과 함께 예배할 어린이 영어 성경 프로그램을 찾고 있었고, 국내외 여러 프로그램을 다 사용해보았다고 하셨다. 그런데 어떤 건 영어는 가르칠 수 있게 만들어져 있지만 신학적 기반이 약했고, 또 어떤 건 전부 영어여서 한국인 선교사가 숙지하고 아이들에게 가르치기에 한계가 있는 등 선교지에서 사용하기에 적합한 프로그램이 없어 오랫동안 기도하고 계셨다고 했다. 그런데 우연히 인터넷에서 하잉 RTA를 발견하신 거였다.

선교사님은 우리 프로그램이 아이들의 눈높이에 잘 맞고, 다양하고 재미있는 콘텐츠로 구성되어 있으며, 무엇보다 내용이 성경적·신학적으로 탄탄한 기반 위에 있어 본인이 찾던 바로 그 프로그램이라고 하셨다. 그래서 어렵게 연락처를 찾아 전화했다며 말씀하셨다.

"정말 오랜 시간 남아공의 아이들에게 성경을 재미있게 가르칠 영어 프로그램을 찾아보았지만 없었어요. 선교지에 딱 필요한 프로그램을 만들어주셔서 너무나 감사합니다. 그런데 이 좋은 프로그램을 왜 적극적으로 홍보하지 않으세요? 앞으로 제가 홍보대사가 되어 한인 선교사들과 여기저기 사역 단체에 알릴게요."

"선교사님, 정말 감사합니다!"

선교사님의 전화가 오기 전까지 난 하잉RTA 개발이 밑 빠진 독에 물을 붓는 것 같은 회의감으로 가득했다. 그런데 이 프로그램이 '선교지에서 그토록 기도하며 찾던 바로 그 프로그램'이라는 말에 하나님의 강력한 지지와 격려가 느껴져 눈물이 났다. 마치 힘없이 쪼그라든 풍선에 따뜻하고 힘 있는 공기가 양껏 채워지는 기분이었다.

문득 20대 때 드린 기도가 떠올랐다. 어린이 영어교육 선교사로 쓰임 받게 해달라고 목청 높여 기도하던 내 모습이…. 그러자 가슴이 다시 뜨거워졌다. 희망과 믿음이 생겨났다.

'그래, 비록 지금은 이 사역이 빛도 소망도 보이지 않지만 언젠가 그분의 때가 되면 분명히 어린이 선교의 도구로 온 세계에서 쓰임 받게 될 거야.'

나는 남아공 선교지에서 하잉RTA로 예배할 수 있도록 필요한 교사 자료를 이메일로 보내고, 교재는 선교사님의 후원 교회를 통해 해외 배송을 받을 수 있도록 도왔다. 그러나 책 무게 때문에 단 2권만 선교지로 갈 수 있었다.

결국 1권은 선교사님이 보고 1권은 아이들 책상 앞에 펼쳐

놓고 다 같이 봐야 했다. 선교사님은 고아원 아이들이 책을 구경하고 싶어서 서로 경쟁하며 책 앞에 모여드는 모습, 내가 작곡한 찬양으로 신나게 예배하는 모습, 예배를 드리며 기뻐하는 모습을 사진과 영상으로 보내주셨다.

하나님께서 나를 어린이 선교의 도구로 사용해주심에 가슴 벅찬 감사와 감동의 눈물이 하염없이 흘렀다. 그리고 그 자리에서 무릎 꿇고 기도했다.

'하나님, 제 보잘것없는 헌신을 통해 지구 반대편 아프리카 아이들이 하나님을 찬양하는 예배의 도구가 만들어졌네요. 조금만 힘들어도 투정하는 저를 당신의 원대한 구속사에 사용해주시니 너무너무 감사합니다. 하나님! 하잉RTA가 온 세계 어린이 선교를 위해 탁월하고 멋지게 쓰임 받게 해주세요. 선교의 사명을 외면하는 죄를 짓지 않도록 넘치게 부어주시고 채워주시고 준비시켜주세요.'

기도를 마치고 아프리카 아이들의 영상을 보고 또 보았다. 그런데 아이들이 책 1권에 매달려 있는 모습이 유독 눈에 밟혔다. 배송비가 없어서 겨우 1권의 책으로 서로 보고 싶어 눈치 보는 아이들의 모습이 마음 아팠다. 그리고 선교사님의 말씀이 떠올랐다.

"아프리카 친구들은 하잉RTA 교재처럼 화려한 색감의 책을 본 적이 없어서 무척 신기해하고 좋아합니다."

선교지에 이토록 교재가 필요한데 보내지 못하는 현실이 너무 안타까웠다. 하지만 매번 배송비를 사비로 부담하는 것도 불가능했다. 나 혼자 감당할 수 있는 수준을 넘어섰다는 생각이 들었다.

그동안은 주변에 단 한 번도 사역을 후원해달라고 하지 않았다. 혹여 하잉RTA가 내 개인의 연구 실적이나 사업적 목적으로 하는 것처럼 오해받을까 염려되었고, 사모라는 자리에서 무언가를 하는 게 조심스러워 가족과 교회의 교사들 외에는 기도 부탁조차 하지 않았었다.

그런데 남아공 선교지 아이들의 동영상을 본 후, 나의 이런 행동이 선교의 길을 막는 것일 수 있겠다는 생각이 들었다. 그래서 주변 사람들에게 사역의 중보기도를 요청했고, 선교에 쓰임 받게 해달라고 본격적으로 기도하기 시작했다.

'하나님, 하잉RTA를 사용해주세요! 선교지에 필요한 자료와 교재를 부족함 없이 보내어 어린이 선교 사역에 쓰일 수 있도록 도와주세요! 도움의 손길을 붙여주세요.'

그저 우리 교회의 한 부서를 섬기기 위해 시작한 사역이 한 교회를 넘어 지역 교회를 섬기게 되고, 나아가 해외 선교지에서도 쓰임 받게 되니 거룩한 사명감과 부담감이 느껴졌다.

이후 남아공 선교사님이 좋은 정보를 알려주셨다. 한 기독교 방송국에서 선교사와 후원자를 연결하여 선교지에 필요한 교재를 보내주는 사역을 하는데, 하잉RTA 교재도 이 통로로 선교지에 보급하면 좋겠다고 하셨다.

좋은 네트워크라는 생각이 들었다. 하지만 막상 그 방송국에 아는 사람도 없고, 사역에 관해 문의하거나 연결할 방법을 찾지 못한 채 기도만 하며 몇 달을 보냈다.

기독교TV에 출연하다

한창 교재의 선교지 쓰임을 위해 기도하는데, 부활주일이 다가왔다. 당시 섬기던 교회에서는 부활주일마다 크리스천 연예인을 초청해 간증 집회를 열었다.

그 해 간증자는 조혜련 집사님이었다. 나는 어릴 적부터 연예인을 무척 좋아했기에 조 집사님을 실물로 보고 싶어서 마침 간증자 접견 담당 교역자였던 남편을 따라 대기실에 들어갔다.

집사님과 반갑게 인사하고 사진을 찍고 나오는데, 하잉RTA 교재를 선물하고 싶은 마음이 들어 책을 들고 다시 대기실로 들어갔다. 집사님과 남편분은 교재를 찬찬히 보며 극찬을 아끼지 않았다. 조 집사님이 책 사진을 찍으며 말했다.

"이 콘텐츠는 바로 방송으로 내보내도 좋을 것 같아요. 제가 아는 교육 채널 사장님을 바로 연결해드릴게요."

모든 게 물 흐르듯 진행됐다. 조 집사님의 소개로 교육 채널 사장님에게 하잉RTA의 비전과 사역을 소개한 후에 바로 촬영에 들어갔고, 방송이 송출되었다. 그러자 남아공 선교사님이 말했던 기독교 방송국에서도 방송 제작을 제안해왔다.

그저 기도하며 하나님의 일에 최선을 다해 순종했더니 하나님께서 그분의 방법으로 사람들을 연결해주시고 TV 출연의 기회까지 허락하신 거였다.

나는 대학생 때 어린이 프로그램 '뽀뽀뽀'의 뽀미 언니 오디션에 지원한 적이 있을 만큼 TV 출연의 꿈이 컸다. 또 TV를 보다가 출연하고 싶은 프로그램이 나오면 브라운관에 두 손을 뻗고 기도하곤 했다.

'하나님, 저도 TV에 출연하게 해주세요!'

결혼 후에도 어린이 방송을 진행하는 MC들을 보면서 남편에게 말했다.

"여보, 나도 저 ○○처럼 방송에 나가고 싶어!"

그럴 때마다 남편은 내 부푼 꿈에 찬물을 끼얹곤 했다.

"당신이 직접 방송에 출연하기에는 나이가 많아. 당신은 이제 저런 방송을 만드는 PD 같은 역할을 하는 게 맞지."

하지만 나는 굴하지 않고 꿋꿋이 말했다.

"아니야! 나도 방송에 출연해서 하나님을 알리는 영향력 있는 사람이 될 거야!"

하나님은 이런 내 꿈을 잊지 않고 계셨다. 그토록 바라던 TV 출연만이 아니라 하잉RTA 개발자로서 방송의 기획부터 제작의 전 과정을 맡아 PD의 역할까지 하게 하셨으니 말이다.

소망하던 일이 이루어지니 감사가 넘쳤다. 하지만 방송 경험이 전무한 내가 매주 정규 방송으로 송출되는 프로그램을 혼자 감당하는 건 큰 부담이었다(유튜브 콘텐츠 제작과 출연은 혼자 해봤지만, 유튜브와 TV 방송은 차원이 달랐다). 그래서 나는 하나님께 방송 제작을 도와줄 사람을 구해달라고 간절히 기도했다.

이런 조력자가 과연 있을까?

조력자를 놓고 기도하며 내 마음의 소원을 정리해보았다.

'영어를 잘하고, 방송 경력이 많고, 방송에 함께 출연할 수 있게 얼굴도 예쁘고, 척하면 척 알아듣는 센스가 있는(매주 긴박하게 방송을 제작해야 하므로) 똑똑하고 지혜로운 믿음의 친구면 좋겠다.'

이런 '조력자 위시리스트(wish-list)'를 세우고 하나님께 기도했다. 그리고 방송국 직원들에게 이런 조건을 갖춘 친구가 주변에 있으면 소개해달라고 했다.

그런데 돌아오는 대답은 한결같았다.

"박사님, 이런 알바생은 이 땅에 없어요! 이런 사람 있으면 저희 팀에도 소개시켜주세요."

하지만 내 안에는 하나님께서 분명히 이런 사람을 보내주실 거라는 믿음이 있었다.

며칠 후 메일함을 열어보니 내가 강의하는 사이버대의 한 학생으로부터 신앙상담 이메일이 와있었다. '교수님의 강의에서 복음이 느껴질 만큼 크리스천의 향기가 많이 난다'라며 개인 신앙상담을 받고 싶다고 했다. 그래서 나는 학생과 전화로 간단하게 통화한 후에 직접 만나 이야기를 더 나누기로 했다.

약속 장소에 도착하니 어디선가 본 듯한 예쁜 여학생이 있었다. 알고 보니, 걸그룹 '나인뮤지스'의 리더였던 가수 류세라였다. 연예인이라는 화려함 뒤에 숨겨진 그녀의 밝고 진솔하고 사랑스러운 모습을 보며, 우리 둘은 시간 가는 줄 모르고 눈물 콧물을 흘리며 깊은 이야기를 나누었다.

나는 사역 이야기도 자연스럽게 나누며 기독교 방송국에서 하잉RTA 방송을 제작하게 되어 조력자를 구하는 중이라고 말했다. 그런데 이야기를 듣던 세라가 갑자기 말했다.

"교수님, 제가 도와드릴게요! 제가 돕고 싶어요!"

"그런데 최저임금을 받으며 방송의 모든 허드렛일을 하는 자리인데 괜찮겠어요?"

"그럼요, 제가 꼭 도와드리고 싶어요!"

화려한 스포트라이트를 받던 전직 아이돌이 가장 밑바닥의 일을 자원하며 나선 거였다. 이 일로 방송국은 발칵 뒤집혔다. 아이돌 출신 가수가 방송 출연이 아니라 허드렛일을 돕는다는 데 다들 놀랐다.

그날 세라와 헤어지고 집에 돌아와 기도 제목을 하나씩 떠올려보았다. 세라는 위시리스트의 조건을 모두 갖춘 친구였다. 중고등학교를 캐나다에서 나와 영어 실력이 원어민 수준으로 유창했고, 2010년 나인뮤지스로 데뷔하여 10년이 넘는 방송 경력이 있었으며, 딸 시온이가 첫 만남에 뿅 반할 정도로 예쁜 외모와 말이 떨어지기 무섭게 일을 척척 처리하는 센스 그리고 지혜를 겸비한 믿음 좋은 신앙인이었다. 주변에서 이런 조건의 사람은 없다고 호언장담했지만, 난 이 일로 하나님께는 불가능이 없음을 다시금 간증할 수 있었다.

세라가 도와준 시점부터 방송 제작의 고민과 힘듦이 하나씩 덜어지고 해결되었다. 헤어, 메이크업, 의상, 대본과 아이디어 등 어려운 부분이 풀렸고, 세라가 빵빵한 인맥을 동원하며 적극적으로 도와주고 출연까지 자원해주어서 방송의 질이 눈에 띄게 업그레이드되었다.

믿음의 조력 단체를 만나다

하루는 세라가 한 기독교 단체에 인터뷰를 다녀온 후 단체 이사장님이 쓴 간증집을 선물해주었다. 그 단체는 도심 속 빌딩이나 고속도로, 시내버스, 신문 등의 오프라인 대중매체와 유튜브나 온라인 전도플랫폼 등에 크리스천 연예인을 통해 예수님을 광고하는 비영리 선교단체 '복음의전함'이었다. 고정민 이사장님의 책에는 하나님나라를 위해 삶을 헌신해온 살아있는 간증들이 담겨있었다.

읽는 내내 가슴이 뜨거웠다. 나 혼자 걸어가는 외로운 길이라 여겼던 하나님나라 사역의 길에 동일한 비전을 품고 앞서 걸어가는 믿음의 단체가 있음에 마음이 든든했다. 고 이사장님을 한 번도 만나보진 못했지만, 책을 읽으며 그 사역을 응원하고 기억하게 되었다.

그 사이 남편은 담임목사로 취임했고, 우리 가정은 담임 사역지로 옮겨가게 되었다. 그런데 취임한 지 며칠 후, 남편 집무실로 정성스럽게 포장된 선물이 도착했다. 취임을 축하한다는 손 편지에 '복음의전함'이라고 적혀있었다.

알고 보니 복음의전함 사무실이 우리가 부임한 교회와 50미터 정도 떨어진 가까운 곳에 있었고, 복음의전함 측에서 가까운 교회에 담임목사님이 새로 부임했다는 소식을 듣고 축하 선물을 정성껏 준비해서 보내온 거였다.

이전부터 좋아하던 단체에서 남편의 부임을 축하해주려 손편지까지 써서 직원들이 선물을 들고 방문해준 그 환대와 사랑에 크게 감동했다. 이후 나는 교회를 오가며 그 사무실 앞을 지날 때면 단체의 복음 사역을 위해 중보한다.

우리 교회와 복음의전함은 가까운 이웃이 되었고, 서로의 사역을 응원하고 협업하는 믿음의 조력 관계로 성장했다.

사역의 다음 단계와 방향성을 놓고 기도하던 어느 날이었다. 하나님께서 문득 기독 출판사 '규장'을 떠올려주셨다. 아는 사람도 없고 아무런 관계도 없는 출판사를 자꾸 마음에 떠올려주서서 의아했다.

그즈음 고 이사장님과 교제를 나누며, 혹시 규장 출판사를 아는지 물었다. 그는 규장 대표님을 안다며 기도해보고 연결해주겠다고 했다. 그리고 몇 주 후, 고 이사장님으로부터 전화가 걸려왔다.

"사모님, 규장 대표님이 만나고 싶어 하시는데, 시간 약속 한번 잡아보시겠어요?"

"어머! 정말요? 너무 감사합니다!"

그렇게 생각지도 못한 방법으로 규장 출판사의 여진구 대표님을 만났다. 첫 만남의 자리에서 나는 하잉RTA 교재와 사역을 소개했고, 여 대표님은 지금껏 이 사역을 인도하신 하나님의 역사에 크게 감동했다. 그리고 며칠간 기도한 후, 하나님께서 주시는 감동을 따라 하잉RTA 교재 사역을 함께하자고 제안해주었다.

마가복음 16장 15절

2022년 10월 즈음부터 한 기독 재단의 대표로부터 한 달에 한 번 진행되는 '기독 교사 중보기도 모임'에 초대를 받았다.

바쁜 일정으로 계속 참석하지 못하다가 최근에 꼭 참석해야겠다는 마음이 강하게 들었다. 모임 전날인 금요철야 때도 하나님께서는 그 중보기도 모임을 위해 집중적으로 기도를 시키셨고, 내 안에 기대감을 불어넣어 주셨다.

그런데 막상 당일이 되자, 기도 모임에 가기 귀찮은 인간적인 마음이 자꾸 올라왔다.

'이 화창한 토요일에 한 번도 본 적 없는 사람들과 굳이 기도 모임을 하러 가야 할까?'

오만가지 핑곗거리를 찾으며 늦장을 부렸지만, 결국 성령님의 강력한 인도하심에 이끌려 모임 장소에 간신히 도착했다. 작은 지하 공간에는 15, 16명의 선생님들이 동그랗게 앉아 기도 제목을 나누고 있었다.

처음 보는 이들과의 나눔이 다소 어색하고 낯설었지만 진솔하게 나누는 걸 보며 서서히 마음이 열렸다.

내 차례가 되어, 하잉RTA 사역과 선교지의 다음세대를 세우는 사역에 대해 말하고 기도 제목을 나누었다. 이후 인도자 목사님이 다 같이 나눈 기도 제목 중 감동을 주시는 제목을 위해 합심하여 기도하자고 하셨다. 나는 눈을 감고 하나님께 여쭈었다.

'주님, 저를 오늘 이곳에 보내신 이유가 무엇인가요?'

그러자 그곳에 있는 한 여선생님의 기도 제목이 떠올랐다. 신기하게도 그 기도 제목만 또렷이 기억났다. 나는 하나님께서 나를 그 분의 중보자로 세우셨음을 알고 간절히 기도했다.

모든 기도회 순서가 끝나고 인사를 나눌 때였다. 그 여선생님이 내 앞으로 다가왔다. 그러고는 하잉RTA 사역을 후원하고 싶다며 계좌번호를 물었다. 잠시 후 입금자명 "막 16:15"로 천만 원의 후원금이 송금되었다. 깜짝 놀란 내게 그 분이 자초지종을 말해주었다.

"최근에 하나님나라를 위해 천만 원을 헌금하고 싶다고 기도하고 있었어요. 그러던 중에 오늘 기도 모임에 참석해서 사모님의 기도 제목을 듣는데 하나님께서 하잉RTA 사역을 후원해 선교지를 섬기라는 감동을 주셨어요. 저는 그저 순종할 뿐이에요."

또 이르시되 너희는 온 천하에 다니며
만민에게 복음을 전파하라 막 16:15

He said to them,

"Go into all the world

and preach the gospel

to all creation."

온몸에 전율이 일었다. 비로소 하나님께서 왜 그날 그 기도모임을 향해 강한 마음을 주셨는지 깨달았다. 이 사역을 얼마나 원하시고 기뻐하시는지, 그분의 마음을 다시금 느낀 순간이었다.

하나님께서는 기도하는 사람과 기업을 통해 그분의 일을 이뤄가신다. 하잉RTA에는 여전히 풀어갈 일들이 많다. 하지만 실수가 없으신 하나님께서 내 앞길과 사역의 다음 스텝을 가장 유익하고 멋진 길로 앞서 인도하시고 해결하시며 동행해주실 것을 믿는다. 또한 하나님의 역사를 바라보며 동역해주는 조력자들에게 넘치는 은혜와 복을 부어주시길 간절히 기도한다.

아브라함이 하나님의 명령에 순종하여 자신의 목숨보다도 귀한 아들 이삭을 모리아 산에서 바치려 했을 때, 하나님의

3부 지지와 격려를 부어주신 하나님

예비하심, 곧 '여호와 이레'의 은혜가 임했다. 이 은혜가 하잉 RTA 사역의 모든 순간에도 함께하셨고, 앞으로도 함께하실 것이다.

> 아브라함이 그 땅 이름을
> 여호와 이레라 하였으므로
> 오늘날까지 사람들이 이르기를
> 여호와의 산에서 준비되리라 하더라 창 22:14
> So Abraham called that place
> The LORD Will Provide.
> And to this day it is said,
> "On the mountain of the LORD
> it will be provided."

chapter **18**

열차번호 '하잉RTA 0191'

말씀으로 자녀를 지켜라

지금 이 시간에도 어둠의 세상 주관자와 악한 영들은 아직 기독교 세계관이 정립되지 않은 우리 자녀들을 빼앗기 위해 우는 사자처럼 호시탐탐 공격의 기회를 엿보고 있다.

너무도 쉽게 접할 수 있는 각종 유해 미디어와 음란 영상물, 하나님의 창조 질서를 파괴하는 성차별 금지법을 자연스럽게 주입하는 공교육 현장, 부부와 가정의 중요성이 와해되면서 늘어나는 깨진 가정, 생육하고 번성하라는 하나님의 명령보다 자기 안위가 중요한 딩크족의 증가, 부부에게만 허락된 성의 울타리가 무너져 쉽게 동거하고 쉽게 헤어지면서도 죄의식을 느끼지 않는 청년 세대의 세태.

이렇게 죄악이 만연한 사회적 풍조가 우리 자녀들의 마음과 생각을 장악하려 한다. 동시에 죄를 죄로 여기지 않고 세상의 흐름을 따라 살도록 몰아가고 있다. 실로 어두운 시대다.

더욱이 코로나19로 한국교회의 예배가 무너져 영적 위기가 심화되었다. 특히 다음세대 신앙교육이 큰 타격을 입었고, 교회마다 대책을 강구함에도 아이들은 점점 교회를 떠나는 추세다.

이런 마당에 주일에 교회학교 1시간 사역을 통해 다음세대를 예수님의 제자로 키워낼 수 있을까? 불가능하다. 교회의 교육 부서나 교사의 노력만으로 이 막중한 임무를 감당하기에는 역부족이다.

부모가 깨어나야 한다. 가정에서 부모가 자녀와 함께 하나님의 말씀을 읽고 암송하고 삶에 적용하는 신앙교육을 해야 말씀의 능력이 자녀의 삶을 보호하고 이끌어갈 수 있다. 이런 노력 없이는 세상의 거센 물줄기를 거스르며 하나님의 선하신 뜻을 분별하는 믿음의 세대를 세울 수 없다.

무당이나 점집 앞에 빨간 깃발이 꽂혀있는 것처럼 귀신들은 자신의 영역에 어둠의 깃발을 꽂고 활동 범위를 확장해간다. 반면 우리 자녀는 어떤 영적인 깃발을 꽂고, 어떤 영적 무기로 내면세계를 무장하고 있는가? 영적 전쟁터에서 자기를 지킬 방패나 어둠의 세력을 무찌를 무기 하나 없이 무방비 상태로 노출되어, 이리저리 비틀거리며 마귀의 손아귀에 놀아나 상처 입은 패배자로 살아가지는 않는가?

모든 것 위에 믿음의 방패를 가지고
이로써 능히 악한 자의 모든 불화살을 소멸하고

구원의 투구와 성령의 검

곧 하나님의 말씀을 가지라 엡 6:16,17

In addition to all this, take up the shield of faith,

with which you can extinguish

all the flaming arrows of the evil one.

Take the helmet of salvation

and the sword of the Spirit,

which is the word of God.

어둠의 권세에 맞서 싸워 이길 영적인 무기는 하나님의 말씀에 있다. 이 말씀의 무기를 자녀의 마음 판에 장착시켜주는 게 부모의 역할이다. 하나님의 말씀을 매일 하가다 하고, 말씀을 곱씹으며 토론하는 하브루타를 통해 자녀 안에 말씀의 능력을 차곡차곡 쌓으면, 훗날 자녀가 영적 전쟁터인 세상에 나갔을 때 말씀으로 어둠의 세력을 대적하고 '여호와 닛시' 승리의 깃발을 꽂는 하나님의 군사로 설 줄 믿는다.

말씀에는 능력이 있다. 교훈과 책망과 바르게 함과 의로 교육하기에 유익한 최고의 교재인 성경 말씀으로 자녀가 하나님 나라에 귀하게 쓰임 받을 믿음의 다음세대로 세워지길 소망한다. 세상을 따라가는 게 아닌 세상을 변화시키고 정복해나가는 글로벌 리더로 우리 자녀들이 우뚝 서길 간절히 바란다.

모든 성경은 하나님의 감동으로 된 것으로
교훈과 책망과 바르게 함과 의로 교육하기에 유익하니
이는 하나님의 사람으로 온전하게 하며
모든 선한 일을 행할 능력을 갖추게 하려 함이라 딤후 3:16,17
All Scripture is God-breathed and is useful
for teaching, rebuking, correcting and training
in righteousness, so that the servant of God
may be thoroughly equipped for every good work.

구속사의 열차에 탑승하라

다음세대를 살리고 회복시키는 일은 하나님의 갈망이요, 소원이요, 우리를 향한 부르심이다.

사역을 하면서 다음세대를 영적으로 바르게 세우는 일을 하나님이 얼마나 간절히 원하시는지를 뼛속 깊이 느낀다. 오늘날 상처받고 무너진 당신의 자녀들로 인해 아버지가 얼마나 아파하시는지, 이 아이들을 도울 사람을 얼마나 애타게 찾고 계시는지 말이다.

하나님나라의 회복을 위한 구속사의 열차는 내가 아니어도 움직인다. 영원히 멈추지 않고 달린다. 이런 영광스러운 일에 내가 쓰임 받을 수 있어 참으로 감사하다.

천지 만물을 말씀으로 창조하신 전능하신 하나님께서 능력이 없어 동역할 사람을 찾으시는 게 아니다. 당신 홀로 충분히 하실 수 있지만, 이 일을 사람을 통해 이루시며 그분의 일에 동참할 영광과 기회를 우리에게 주길 원하신다. 이 하나님의 사랑과 은혜의 기회를 영적인 눈으로 바라보고 취하는 자들이 많아지길 소망한다.

하나님께서는 지금도 이 구속사의 열차에 함께 탑승할 주인공을 기다리신다. 영감이 없으면 눈치라도 있어서, 하나님이 내게 탑승하길 원하시는 구속사의 열차가 무엇인지, 그곳이 어디인지를 깨닫고 올라타서 영혼 구원의 역사를 함께 목도하라.

내가 탄 열차는 다음세대를 말씀으로 세우고 글로벌 리더로 기르는 영역이다. 그 도구로 하잉RTA 사역의 지경을 지금까지 넓혀주신 하나님께서 앞으로도 이 프로그램을 만방에 사용해주시길 기도한다.

어린 자녀를 말씀으로 바르게 세우길 원하는 수많은 가정과 한국교회 그리고 해외 선교지에서 하잉RTA가 무더운 여름날의 시원한 냉수처럼 청량감을 선사하는 생명의 도구가 되었으면 좋겠다. 이 사역의 앞날은 주님만 아신다. 나는 완전하시고 실수가 없으신 그분의 인도하심만 담대히 따라갈 뿐이다.

하나님께서 내 인생의 남은 밑그림을 어떻게 맞춰가실까? 다음세대 영혼 구원을 위한 '하잉RTA 열차'가 멈추지 않도록 또 어떤 놀라운 역사를 이루실까? 그분과의 동행은 늘 스릴 넘치고 상상 그 이상이다. 오늘도 하나님의 퍼즐링을 기대하며 설레는 마음으로 이끄시는 한 걸음을 디뎌본다.

열차번호 '하잉RTA 0191(영혼구원)' 출발합니다.
탑승하세요! All aboard!

감사의 글

온 가족이 함께 이뤄가는 사역

2017년에 큰아들 시후가 초등학교에 입학하며 우리 가정엔 큰 충격과 아픔의 사건이 있었다. 당시는 너무 큰 고통을 겪었지만, 이 사건을 통해 눈에 보이지 않는 내면의 충격과 상처로 신음하는 다음세대의 고통에 눈을 떴다.

시후에겐 크나큰 아픔이었지만 하나님께서 분명한 뜻을 가지고 우리 가정에 이 사건을 허락하셨음을 안다. 이 일로 가정에 말씀 암송과 가정예배가 살아났고, 다음세대에게 말씀의 무기를 무장시키는 하잉RTA 사역을 시작할 수 있었기 때문이다.

어릴 적 받지 않아도 될 상처를 받고, 본인의 아픔을 다음세대를 위해 공유하도록 허락해준 사랑하는 아들 시후에게 미안함과 고마움과 사랑의 마음을 전한다.

집안에서는 최고로 자신감이 넘치고 밝은 딸 시온이가 밖에만 나가면 수줍음을 타고 나와 떨어지기 힘들어해서 주일마다 아이를 타이르며 영어성경학교 부서에 들여보냈다. 그러면서 자연스럽게 부서의 부족한 면을 보았고, 개선점과 방향성을 고민하며 하잉RTA 프로그램을 만들 수 있었다.

당시는 참 힘들었지만, 이 또한 하나님께서 인도하신 시간이었다. 혹 이 글을 읽는 부모님 중에 어린 자녀가 주일학교에 혼자 들어가기 힘들어한다면, 아이가 속한 부서의 교사로 봉사하길 권하시는 하나님의 음성일 수 있음을 생각해보길 바란다.

나의 헌신을 통해 나의 자녀가 하나님의 말씀으로 바로 세워지고, 교회에서의 신앙교육이 가정으로 연계되어 자녀를 신앙으로 바르게 양육할 계기가 될 것이다. 나아가 교회학교의 어려움을 돕는 것이 하나님나라의 구속사에 쓰임 받는 귀한 일임을 영적인 눈으로 깨닫길 소망한다.

하잉RTA의 모든 콘텐츠는 우리 집 거실에 놓인 작은 책상에서 탄생했다. 아이들이 거실에서 TV를 보면 귀마개를 끼고 작업을 했다. 아이들이 등교해서 하교하기 전까지가 온전히 사역에 집중할 수 있는 시간이었다.

이 작은 거실 한편이 내 연구실이자 기도실이자 녹음실이었다. 거실 한쪽 벽에 설치된 크로마키 스크린이 사역 영상 대부분을 촬영한 스튜디오였다.

매주 긴박하게 콘텐츠를 만들어야 했기에 보조 출연자를 섭외하고 준비시킬 시간적 여력이 없었다. 그런데 감사하게도 우리 아이들이 하잉RTA의 내용을 매일 듣고 자연히 습득한 덕에 때로는 시후가 든든한 보조 출연자가 되어주었다. 시간이 지나서는 오빠의 모습을 보고 자란 딸 시온이가 든든한 동역자로 참여했다.

또한 아이들이 날마다 엄마의 영어 찬양 소리를 듣다 보니 자동으로 말씀과 찬양을 습득했다. 이렇게 준비된 덕에 시온이는 하잉RTA 방송을 급히 제작하고 송출할 때도 매주 방대한 녹화 내용을 거뜬히 소화하며 방송을 더욱 풍성하게 만드는 주역이 되었다. 하나님나라를 위해 불평 없이 동역해준 사랑하는 딸 시온이에게 고마움과 사랑을 전한다.

많은 사람이 하잉RTA 개발을 나 혼자 했다고 생각하지만, 하잉RTA의 진짜 보화는 '영어'라는 포장지 뒤에 감춰진 '하나님의 말씀'과 이를 뒷받침하는 신학적 기반에 있다. 이를 책임지고 이끌어준 사람이 바로 남편 박강민 목사님이다.

25년간 말씀 연구 훈련의 시간을 다지며 성경 전체를 구속사적 관점으로 꿰뚫어 보는 신학적 통찰력을 지닌 남편이 있었기에 하잉RTA의 기반이 빠르고 탄탄하게 세워질 수 있었다. 그는 성경 인물과 사건별로 신학적 주제를 잡으며 나의 부족한 지식과 공백을 정확하게 채워주었고, 교사들을 말씀으로 가르쳤다.

우리 가정에 아픔이 찾아왔을 때도 유대인 교육을 준비하던 남편이 가정의 제사장으로 든든히 서있어서 아이들에게 하가다를 통한 말씀 암송 교육을 바로 시작할 수 있었다.

탁월한 영성으로 나와 우리 가정과 하잉RTA의 영적 리더가 되어주고, 부드러운 성품과 사랑으로 나의 모나고 뾰족한 부분을 품어주며 하루하루 성화의 자리로 나아가도록 이끌어주는, 존경하고 사랑하는 남편에게 더없는 감사와 사랑을 전한다.

원어민 목소리가 필요할 때마다 캘리포니아에서 나고 자란 조카 Erin, Luke, Jonah의 도움이 컸다. 하잉RTA 사역이 본격화될 즈음 한국에 들어온 것도 우연이 아니었다.

당시 중학생으로 예민한 시기였던 Erin이 원어민 출연자 겸 목소리로 열심히 도와준 덕에 귀한 영상과 음원 자료가 만들어졌다. 이모가 마이크를 들이밀 때마다 다양한 원어민 더빙을 도와준 세 조카의 앞길에 하나님의 귀한 축복이 가득하길 기도한다.

다양한 그림 카드 자료를 그려준 조카 예빈이는 코로나로 외국 유학생은 장학금을 거의 받지 못하는 시국에도 전액 장학금을 받으며 미국의 명문 미대에 입학했다. 하나님나라를 위해 헌신하는 자녀에게 부어지는 축복이 무엇인지 예빈이를 통해 보았고, 앞으로도 더 많이 보게 되리라 기대한다.

하나님이 주신 그림의 재능을 또 다른 다음세대를 위해 흘려보낸 멋진 재능기부자 허은 양에게도 감사의 마음을 전한다. 하나님께서 책임지시는 복된 인생이 되길 기도한다.

투자자나 후원자 없이, 자비량으로 사역을 이끌어올 수 있었던 건 우리 가정과 자녀들과 사역을 위해 눈물로 기도해주시는 양가 부모님이 계셨기에 가능했다.

아들과 며느리, 딸과 사위를 위해
물심양면으로 지원을 아끼지 않으시는
양가 부모님께 감사의 마음을 전합니다.
개척교회 목회자 가정에서 부모님의 희생과
헌신의 신앙을 배우며 자랐기에
하잉RTA 사역을 지금까지 담대히 감당할 수 있었어요.
특히 어려서부터 속을 많이 썩인 막내딸을 믿어주시고
'경력이나 세상 지위나 그 어떤 것보다 중요한 것이

주님의 사역이다' 말씀하시며
흔들리지 않는 믿음을 몸소 살아내고 가르쳐주신
아빠 선병인 목사님,
뒤늦은 아빠의 신학 공부로 가계의 재정 지원부터
교회 개척에 모든 걸 바치며
막내딸의 부름이면 한달음에 달려와
집안 살림 도와주시는 엄마 김경자 사모님,
말로 다 할 수 없는 감사와 사랑을 전합니다.
하나님나라를 위해 일생을 바치신 양가 부모님의 삶이
지금의 저희를 있게 했습니다.
그 믿음의 바통을 잘 이어받아 열심히 달려가겠습니다.
존경하고 사랑합니다!

하나님의 퍼즐링

초판 1쇄 발행	2023년 5월 4일
지은이	선효경
펴낸이	여진구
책임편집	김아진 정아혜
편집	이영주 박소영 최현수 안수경 김도연
책임디자인	이하은 마영애 ǀ 노지현 조은혜
홍보 · 외서	진효지
마케팅	김상순 강성민
마케팅지원	최영배 정나영
제작	조영석
경영지원	김혜경 김경희 이지수

303비전성경암송학교 유니게 과정 박정숙
이슬비전도학교 / 303비전성경암송학교 / 303비전꿈나무장학회

펴낸곳   규장

주소 06770 서울시 서초구 매헌로 16길 20(양재2동) 규장선교센터
전화 02)578-0003   팩스 02)578-7332
이메일 kyujang0691@gmail.com
홈페이지 www.kyujang.com
페이스북 facebook.com/kyujangbook
인스타그램 instagram.com/kyujang_com
카카오스토리 story.kakao.com/kyujangbook
등록일 1978.8.14. 제1-22

ⓒ 저자와의 협약 아래 인지는 생략되었습니다.
이 출판물은 저작권법에 의해 보호를 받는 저작물이므로 무단 전재와 무단 복제를 할 수 없습니다.

책값   뒤표지에 있습니다.
ISBN 979-11-6504-429-9 03230

규ǀ장ǀ수ǀ칙

1. 기도로 기획하고 기도로 제작한다.
2. 오직 그리스도의 성품을 사모하는 독자가 원하고 필요로 하는 책만을 출판한다.
3. 한 활자 한 문장에 온 정성을 쏟는다.
4. 성실과 정확을 생명으로 삼고 일한다.
5. 긍정적이며 적극적인 신앙과 신행일치에의 안내자의 사명을 다한다.
6. 충고와 조언을 항상 감사로 경청한다.
7. 지상목표는 문서선교에 있다.

하나님을 사랑하는 자 곧 그의 뜻대로 부르심을 입은 자들에게는 모든 것이 合力하여 善을 이루느니라(롬 8:28)

규장은 문서를 통해 복음전파와 신앙교육에 주력하는 국제적 출판사들의
협의체인 복음주의출판협회(E.C.P.A:Evangelical Christian Publishers
Association)의 출판정신에 동참하는 회원(Associate Member)입니다.